www.ingramcontent.com/pod-product-compliance
Lightning Source LLC
LaVergne TN
LVHW051010051026
849532LV00005B/1892
9789358721119

پروفیسر لدمیلا

روس سے اردو کی ماہر

(چہارسو خصوصی شمارہ)

ادارہ چہارسو

Professor Ludmila : Russia se Urdu ki maahir
by: Idara Chaharsu
Edition: August '2023
Publisher:
Taemeer Publications (Hyderabad, India)

ISBN 978-93-5872-111-9

کتاب	:	**پروفیسر لدمیلا : روس سے اردو کی ماہر**
مصنف	:	**ادارہ چہار سو**
صنف	:	تحقیق و تنقید
ناشر	:	تعمیر پبلی کیشنز (حیدرآباد، انڈیا)
سالِ اشاعت	:	۲۰۲۳ء
صفحات	:	۴۲

قرطاسِ اعزاز

زندگی کے ساتھ ساتھ

چہارسُو

جلد۲۳، شمارہ: مارچ، اپریل ۲۰۱۴ء

ای۔میل: chaharsu@gmail.com

قرطاسِ اعزاز

پروفیسر لدملا وسیلیوا

کے نام

"بساطِ عجز"

انگریزی سے ترجمہ

عظمت زہرا (بدین)

نام: ڈاکٹر لدمیلا وسیلیوا

دفتری پتہ:

شعبۂ ادب، انسٹی ٹیوٹ آف اورینٹل سٹڈیز، روسی اکیڈمی برائے سائنسز، 12، روز ڈیلس وینکا سٹریٹ، ماسکو 107031، روس

ممتاز ریسرچ ایسوی ایٹ، ڈیپارٹمنٹ آف ایشین پیپل، انسٹی ٹیوٹ آف اورینٹل سٹڈیز۔

تعلیمی قابلیت:

ایم۔اے (فلاسفی، اردو اور ہندی زبان و ادب) ماسکو اسٹیٹ یونیورسٹی، ۱۹۶۵ء

پی۔ایچ۔ڈی (اردو ادب) اکیڈمی آف سائنسز یو ایس ایس آر، انسٹی ٹیوٹ آف اورینٹل سٹڈیز، ۱۹۸۷ء

رہنمائی اور تدریسی تجربہ:

ماسکو اسٹیٹ یونیورسٹی ۱۹۸۲ء تا ۱۹۸۶ء......۱۹۹۰ء تا ۲۰۰۷ء

طالبعلموں کے ڈپلوما کے لیے لیکچرر اور رہنما، موضوعات "اردو ادب کی تاریخ"، "جدید اردو ادب"، "اردو شاعری"

بین الاقوامی کانفرنسوں (مقالوں) میں شرکت

دوسری عالمی اردو کانفرنس، ماریشس، ۲۰۰۳ء

بین الاقوامی اردو کانفرنس، اسلام آباد، پاکستان، مارچ ۲۰۰۵ء

فیض احمد فیض پر بین الاقوامی سیمینار، ٹورنٹو، کینیڈا، اگست ۲۰۰۵ء

پریم چند پر بین الاقوامی سیمینار، دہلی، بھارت، اکتوبر ۲۰۰۵ء

سجاد ظہیر پر بین الاقوامی سیمینار، الہ آباد، بھارت، نومبر ۲۰۰۵ء

نئے مقامات/امکانات کے حوالے سے اردو ادب پر بین الاقوامی سیمینار، لندن، یو کے، جون ۲۰۰۹ء

فیض احمد فیض کی یاد میں بین الاقوامی سیمینار، ٹورنٹو، کینیڈا، دسمبر ۲۰۱۰ء

http://www.sherosokhan.com/id849.html.

اشفاق حسین کے شاعری مجموعے کی تقریب رونمائی، نیویارک، دسمبر ۲۰۰۹ء

فیض احمد فیض کے صد سالہ جشن پر بین الاقوامی کانفرنس، ماسکو، ۲۰۱۱ء

اہم تصانیف (روسی زبان میں)

کتابیں

دیانتدار/صالح باغی: الطاف حسین حالی، شاعر اور ہندوستانی مسلمانوں میں شعور اجاگر کرنے والا۔

(انیسویں صدی کے اواخر اور بیسویں صدی کے اوائل تک) ایم ۱۹۹۷ء

فیض احمد فیض، زندگی اور کام، ایم، ۲۰۰۲ء

فیض احمد فیض، شاعری (مرتب اور مترجم) ایم: ۲۰۱۱ء

اردو غزل کی تاریخ (ابتدائی دور): زیر طبع

آرٹیکلز۔مضامین

اردو ادب کے تشخص کی دنیا "DIASPORA" ایم: ۲۰۰۴ء

آصف علی، جدوجہد آزادی کا ایک لے جنڈ۔ایم: ۲۰۰۴ء

اردو شاعری کی ترقی کے بنیادی رجحانات: ایم: ۲۰۰۲ء

اردو ادب میں اصطلاحات "نیا" "جدید" اور "جدیدیت" / شاعری کی دنیا میں تسلسل اور اختراع، ایم: ۱۹۹۸ء

پاکستانی اردو شاعری کے پچاس سال، ایم: ۱۹۹۷ء

حالی کی مسدس کی ترتیب کی چند خصوصیات، ماسکو، ۱۹۸۹ء

اردو غزل کے روسی زبان میں ترجمے کے مسائل، لینن گریڈ، ۱۹۷۹ء

مرزا غالب، ایک عظیم اردو شاعری، ماسکو ۱۹۷۶ء

(ان کے علاوہ اردو ادب کی بے شمار تصنیفات کئی روسی جرنلز اور انسائیکلو پیڈیا میں موجود ہیں)

اردو زبان میں

پرورشِ لوح و قلم: فیض: حیات اور۔۔۔؟

آکسفورڈ یونیورسٹی پریس، کراچی۔۲۰۰۷ء دوسرا ایڈیشن ۲۰۱۳ء)

روس میں اردو ادب کی حیثیت اور اہمیت۔ ماہنامہ انشاء سلور جوبلی، ٹیگور نمبر، کلکتہ ۲۰۱۱ء

فیض کی شاعری میں تنہائی کا موضوع، ماہنامہ پرواز، لندن، فیض جوبلی نمبر، اپریل ۲۰۱۱ء

"کیا روشن ہو جاتی تھی گلی"، فیض احمد فیض (فیض، سعدی منتخب نظمیں)

مرتبین: پروفیسر یوسف حسن، ڈاکٹر روش ندیم، پاکستان، مقتدرہ قومی زبان، ۲۰۱۰ء

"کھوئے ہوئے آشیانوں کی تلاش" (پیش لفظ) اشفاق حسین، "میں گیا وقت نہیں ہوں" نئی دہلی ۲۰۱۰ء

اردو مشاعرہ، روایات اور جدیدیت: ایس۔آر۔فاروقی کے اعزاز میں، ۲۰۱۰ء

اقبال کی نظم ہمالہ پر اک نظر۔ ماہنامہ پرواز، لندن، شمارہ ۱۲، جلد ۳، اپریل ۲۰۰۴ء

اردو کے حالات اور امکانات۔ایک غیر اہلِ زبان کی نظر میں، ای ڈبلیو ایس مجلہ، میلینیم اردو کانفرنس، لندن ۲۰۰۰ء

"امید سحر کی بات سنو" فیض کے مغربی حوالے، اشفاق حسین، لاہور، ۱۹۹۲ء

مہمل یا منزل؟ دریافت، کراچی، اگست ۱۹۹۲ء،
الطاف حسین حالی کی ''روشن خیالی'' کی غزل، اردو انٹرنیشنل، کراچی،
فروری۔ مارچ ۱۹۹۲ء، دریافت، کراچی
سوویت یونین اور اردو دنیا، اردو انٹرنیشنل، کراچی، اگست ۱۹۹۲ء
الطاف حسین حالی۔ محمد اقبال کے پیش رو، محمد اقبال کے کام، لاہور، ۱۹۹۰ء
(انگریزی میں)
(ان کے علاوہ بے شمار آرٹیکلز، کتابوں کے جائزے اور انٹرویوز پاکستان، بھارت اور آسٹریلیا کے مختلف جرنلز اور آرٹیکلز کے مجموعوں میں شائع ہو چکے ہیں)۔
اردو سے روسی زبان میں ترجمے جو کہ ماسکو میں شائع ہوئے۔

مرزا غالب۔ منتخب شاعری ۱۹۶۹ء
علی بیگ سرور، فسانہ عجائب (اے سوورواکے تعاون سے) ۱۹۸۳ء
ایس عاشور کاظمی، سخن گسترانہ بات، ماسکو، ۱۹۹۱ء
ابوالکلام آزاد، غبارِ خاطر (منتخب خطوط) انڈین لائبریری، ۱۹۸۷ء
جوگندر پال، نادید، ۱۹۸۸ء
جوگندر پال کی مختصر کہانیاں، قاضی عبدالستار، سریندر اپرکاش، احمد یوسف، رام لال، رتن سنگھ، ابن کنول، جیلانی بانو اور دیگر۔
اقبال، فیض، فراق، جوش، مجروح، مجاز، علی سردار جعفری، زبیر رضوی کی نظمیں اور غزلیں۔

فیض کی شاعری میں ''تنہائی'' کے مختلف رنگ

ڈاکٹر لدمیلا وسیلیئوا

فیض کی شاعری میں کچھ ایسے شاہپارے ملتے ہیں جن میں شخصی جذبہ یا کیفیتِ مزاج ایک ایسی قدرِ مشترک ہے جو اجتماعی جذبات کی گہرائی اور معنی خیزی کو اپنے اندر سمیٹے ہوئے ہے اور اس لیے ہر قاری اسے انفرادی طور پر اپنے ہی ڈھنگ سے سمجھتا ہے۔

فیض کی نظم ''تنہائی'' ایک ایسا شاہکار ہے جسے ہر طرح کے ذوق رکھنے والے قارئین اور مختلف رجحان کے حامل نقادین نے پُر جوش پزیرائی کی۔ ن۔م۔راشد تک نے جنھوں نے ''نقش فریادی'' کے پہلے ایڈیشن کے ''مقدمہ'' میں فیض کے اُس زمانے کے اشعار کو مبہم طور پر کانوں کو بھلی لگنے والی پُر اسرار سرگوشی کہا تھا، اس نظم کی حیرت انگیز اثر اور موہ لینے والی دلکشی سے انکار نہیں کیا۔

اُردو شاعری کے اس مختصر سے شاہ کار کی خوبیاں یوں مجتمع ہوگئی ہیں ، کہ ان کے حلقہ اثر میں وہ سبھی افراد آجاتے ہیں جن کو یہ اشعار پڑھنے یا سُننے کا اتفاق ہوتا ہے۔ ڈاکٹر وزیر آغا اِن نو مصرعوں کی اثر انگیزی کا ذکر کرتے ہوئے اپنے دورِ طالب علمی کو یاد کرتے ہیں جب اتفاقاً کسی اخبار کا ایک پُرزہ ان کے ہاتھ لگا جس میں ایک نظم تو صحیح سلامت موجود تھی لیکن اس کا عنوان اور شاعر کا نام محفوظ نہ رہا تھا:

''میں نے نظم کا مطالعہ شروع کیا تو پہلی ہی لائن نے مجھے جیسے پکڑ لیا۔ پھر جیسے میں آگے بڑھا، ایک عجیب پُر اسرار کیفیت نظم سے برآمد ہو کر مجھے اپنے طلسمی حالے میں جکڑتی چلی گئی۔ نظم ختم ہوئی تو میں بالکل تبدیل ہو گیا تھا۔ مجھے یوں لگا جیسے میں وہ نہیں ہوں جو اس نظم کے مطالعے سے پہلے تھا۔ میرے اندر، کہیں بہت اندر کوئی شے جیسے ٹوٹ گئی تھی اور اس کی جگہ ایک بالکل نئی چیز اُگ آئی تھی۔ اس سے پہلے مجھ پر کسی نظم نے اتنا گہرا اثر نہیں کیا تھا۔ اُن دنوں اُٹھتے بیٹھتے ہر وقت یہ نظم مجھ پر چھائی رہتی۔ ہفتوں بلکہ مہینوں میں اس کے سحر میں مبتلا رہا، ممکن ہے اس کی وجہ یہ ہو کہ میں خود اُن دنوں سخت نا مساعد حالت سے گزر رہا تھا اور تنہائی کے اَن کہے کرب کو پہچانتا تھا۔ بہر حال اس واقعے کے کئی ماہ بعد مجھے کسی رسالے میں دوبارہ یہی نظم نظر آئی۔ اس بار اس پر عنوان بھی تھا اور شاعر کا نام بھی۔ نظم تھی ''تنہائی'' اور شاعر کا نام تھا فیض احمد فیض۔ (وزیر آغا، فیض اوران کی شاعری، معیار، فیض نمبر، دہلی، ۱۹۸۷ء، صفحہ ۵۰،۵۱)

نظم کا موضوع عنوان سے ہی ظاہر ہے۔ موضوع اور عنوان دونوں ہی عالمی شاعری میں خاصے عام ہیں۔ لیکن ,,تنہائی،، کا مفہوم مختلف شعراء کے ہاں جداگانہ ہوتا ہے۔ مثلاً یہ جذبہ ایک ایسے فرد کی نفسیاتی کیفیت سے جڑے ہوئے رومانی مزاج جیسا ہو سکتا ہے جو، اُس کی نظر میں خامیوں سے بھری اس دنیا سے کنارہ کش ہو جانا چاہتا ہے۔ ایسی رومانی شخصیت کے لیے تنہائی ایک نعمت ہوتی ہے اور فرد کی آزادی کی ہم معنی بھی۔ اس کے مطابق تنہائی، وجود کے پُر اسرار حقائق کے ادراک، خود آگاہی، اور اصلاح نفس وغیرہ میں مددگار ثابت ہوتی ہے۔ عالمی شاعری میں اور اُردو شاعری میں بھی اس کی مثالیں با افراط ملتی ہیں۔ رومانی انداز میں تنہائی کے موضوع پر گفتگو علامہ اقبال کے ہاں اکثر ملتی ہے، مثلاً

تنہائی شب میں ہے حذیں کیا
انجم نہیں تیرے ہم نشیں کیا؟

یا پھر:

دنیا کی محفلوں سے اُکتا گیا ہوں یارب
کیا لطف انجمن کا جب دل ہی بجھ گیا ہو

فیض کی نظم میں تنہائی نوعیت کے اعتبار سے ایک دوسری ہی کیفیت، ِمزاج کی آئینہ دار ہے:

پھر کوئی آیا دلِ زار ! نہیں ، کوئی نہیں
راہ رو ہو گا، کہیں اور چلا جائے گا
ڈھل چکی رات، بکھرنے لگا تاروں کا غبار
لڑکھڑانے لگے ایوانوں میں خوابیدہ چراغ
سو گئی رات تک تک کے ہر اک راہ گزار
اجنبی خاک نے دھندلا دیے قدموں کے سراغ
گل کرو شمعیں، بڑھا دو مے و مینا و ایاغ
اپنے بے خواب کواڑوں کو مقفل کر لو
اب یہاں کوئی نہیں، کوئی نہیں آئے گا

نظم ''تنہائی'' ۱۹۳۶ء کے بعد تخلیق کی ہوئی فیض کی بیش تر نظموں کے مقابلے میں رجائیت کے فقدان کے اعتبار سے جداگانہ حیثیت رکھتی ہے۔ نظم کے نو مصرعے دل گیری اور بے چینی کے جذبے، پست ہمتی کے احساس کا احاطہ کرتے ہیں۔ ایک محدود شعری فضا میں ٹوٹتی ہوئی امید اور تنہائی کے المیے کی پوری کہانی سما گئی ہے۔ آیئے، اس نظم پر کچھ تفصیل سے غور کریں۔

یار (محبوب یا دوست) کا منتظر نظم کا ہیرو ہر آہٹ کو غور سے سنتا ہے کہ شاید وہ آ ہی جائے اور زندگی کے ان اداس لمحات کو برداشت کرنے میں اس کی مدد کرے۔ اس کے گھر کے دروازے کھلے ہوئے ہیں۔ انتظار میں کھلی

آنکھوں کی طرح وہ بھی ''بے خواب'' ہے۔ یہاں ایک ضمنی مماثلت بھی ممکن ہے: ہوا کے جھونکوں سے کواڑ کھلتے اور بند ہوتے ہیں اور یہ آنکھ جھپکنے کے عمل سے متلازم ہے۔ گھر میں شمعیں روشن ہیں ۔ ملاحظہ ہو کہ رات میں چراغ، قندیل وغیرہ مسافر کو راستہ دکھانے کے کام آتے ہیں۔ مہمان کی خاطر داری کے لیے پاس ہی مے ومینہ وایاغ بھی تیار رکھے ہوئے ہیں۔ تنہائی کی دل گیری میں نظم کا ہیرو اپنے دل ہی سے مخاطب ہوتا ہے۔

خطیبانہ سوال عالمی شاعری کی طرح اردو شاعری کی بھی ، ایک مروجہ صنعت ہے۔ دل سے تخاتب کی شکل میں اس صنعت کا استعمال اردو شاعری میں اکثر ہوتا ہے۔ عاشق کا دل غزل کے ایک باضابطہ رُتبے کا دعویدار بھی ہوتا ہے۔ دل اپنی زندگی جیتا ہے، وہ خود رائے اور نخرے والی محبوب کا طرف دار بھی ہوتا ہے۔ عاشق کے مفاد کو نظر انداز کرتے ہوئے وہ اس کے عقل سے دشمنانہ رویہ تک اختیار کرسکتا ہے اور محبوب کے سلسلے میں عاشق کی آنکھوں سے رشک بھی کرسکتا ہے۔ لیکن زیادہ تر موقعوں پر دل عاشق کے ہمزاد اور ہم درد کی حیثیت سے پیش آتا ہے کیونکہ محبت کی آگ تو آخر کار اسی میں بھٹکتی رہتی ہے، غمِ عشق تو اسی میں نہاں ہوتا ہے، آتشِ فراق اسی کو جلاتی ہے خون اسی کے زخموں سے رستا ہے اور محبت کے لاعلاج روگ میں مبتلا وہی ہوتا ہے۔ اپنے دل کو ہم کلام بنانا اردو شاعری کی ایک پرانی روایت ہے

(''دلِ ناداں تجھے ہوُا کیا ہے۔۔۔'')

اپنے دل سے خاطبانہ سوال فیض کی اُن صنعتوں میں سے ایک ہے جو عہدِ حاضرہ کے اور کلاسیکی شعر کو ملاتے ہیں۔ فیض کی استعمال کی ہوئی ترکیب ِالفاظ ''دلِ زار'' غالب کی مشہور غزل کے مذکورہ بالا شعر سے واضح تلازُم رکھتی ہے جس میں اسی صنعت (دل سے سوال) کو کام میں لایا گیا ہے اور ''دلِ ناداں'' سے ملتی جلتی ترکیبِ الفاظ ''دلِ زار'' استعمال کی گئی ہی۔ ملاحظہ ہو کہ فیض کا ''دل'' غالب کے ''دل'' سے زیادہ ''بالغ'' ہے، نادانی کی جگہ حالات سے آگاہی نے لی اور غالباً انہیں حالات پر شاعر کے دل کو رونا آیا۔ بہت ممکن کہ اسی غمِ دنیا کی وجہ سے نظم کے ہیرو کا دل اس قدر راداس ہے اور اسی لیے دوست غم گسار کے انتظار کی اس قدر شدّت ہے۔

''تنہائی'' کے پہلے شعر میں نظم کے ہیرو کا خیالی ہی سہی مگر کم از کم ایک مخاطب تو ہے، لیکن آخر کار یہ وہم بھی دور ہو جاتا ہے اور ہیرو کا دل خود اس کا بدل ثابت ہوتا ہے۔ یعنی آخری مصرعوں میں مے ومینا وایاغ کو بڑھانا، اپنے کواڑوں کو مقفل کر لینے کی جسمانی کارروائی کی تجویز دراصل خود اپنے آپ سے کی جاتی ہے، ظاہر ہے کہ یہ کام دل سے نہیں لیا جا سکتا ہے۔ اس بات سے جذبۂ تنہائی کی اُداسی کا رنگ اور زیادہ گہرا معلوم ہوتا ہے۔

پوری نظم ایک رومانی رنگ میں رنگی ہوئی ہے۔ اس کی فضا پُر اسرار ہے، شاعر نے رمز وکنایہ سے کام لیا ہے۔ یہاں کوئی چیستان سا پنہاں ہے اور اس کا آغاز خود نظم کے ہیرو سے ہوتا ہے۔ کچھ پتا نہیں وہ کون ہے، کس کا انتظار ہے۔ ہاں، یہ تو صاف ہے کہ وہ کسی اجنبی کی راہ نہیں دیکھ رہا ہے بلکہ کسی یار کا۔ اس کی وضاحت کچھ بعد میں کی جائے گی۔

ہیرو کی تنہائی کے احساس کی شدّت اس کے انتظار کی شدّت کے برابر ہے۔ یہ واقعی ایک ''عظیم'' انتظار ہے، کیونکہ تاروں سے لے کر زمین تک ساری کائنات اس انتظار کی گرفت میں آئی ہے، اگرچہ اس کائناتِ بے کراں کو شاعر نے چار اشعار میں سمو دیا ہے۔

شاعر کی کائنات تین فضاؤں میں تقسیم کردہ معلوم ہوتی ہے، یہاں اس کی گویا تین سطحیں نظر آتی ہیں:

(۱) آسمان، (۲) گلیوں میں واقع گھر (۳) زمین (راہ گزر)۔ اور یہ سب درد مندی کے ساتھ انسان کا ساتھ دے رہے ہیں، سب اس انتظارِ عظیم میں شریک ہیں: (۱) آسمان کے تارے۔ (ستاروں اور آنکھوں میں شاعراتی مماثلت پر توجہ دیں) (۲) گلیاں جن میں اپنا گھر اور دوسروں کے گھر واقع ہیں۔ (دوسروں کے ایوانوں کی کھڑکیاں روشن ہیں اور اپنے گھر کے بھی دروازے کے کواڑ کھلے ہیں۔ یہاں تلازمہء خیال قابلِ غور ہے: روشن کھڑکیاں گویا گھر کی دیکھنے والی آنکھیں، کھلے دروازے اور منتظر ہیرو کی بیدار، کھلی آنکھیں)۔ (۳) وہ راہ گزر جس پر کسی انجانے راہرو کے نقشِ پا ثبت ہیں۔ (یاد رہے کہ اردو کی روایتی شاعری میں ''نقشِ پا'' اپنی بے حرکتی اور اپنی گول سی شکل کی مناسبت سے حیرت سے کھلی آنکھ کا استعارہ ہے)۔ فیض کی اس نظم کا سیاق وسباق اس روایتی استعارے میں مزید ترمیم کرتا ہے: ''نقشِ پا'' انتظار کی کیفیت سے بھی جڑا جاتا ہے اور اس طرح ''قدموں کے سراغ'' کی معنویت میں نیا رنگ آملتا ہے۔ اس طرح ''قدموں کے سراغ'' کو دہری، حقیقی اور مجازی کیفیتیں حاصل ہوتی ہیں، یعنی یہ درحقیقت ایک نقش بھی ہے اور انتظار کا استعارہ بھی۔

نظم کا پانچ واں شعر ''سو گئی راستہ تک تک کے ہر اک راہ گزار'' اس لحاظ سے بھی قابلِ ذکر ہے کہ اس میں حسنِ تعلیل کی صنعت استعمال کی گئی ہے: گلیوں کا مجازی استعارہ اور ''حقیقی منتظر''، یعنی نظم کا ہیرو ایک دوسرے کی مثل اور نظیر ہیں۔

اس نظم کے ایک اور خوبصورت تریں پہلو پر توجہ دئے بغیر نہیں رہ سکتی ہوں ۔ وہ نظم کی مذکورہ بالا سہ سطحی شعری فضا کے تعمیری خاکہ سے وابستہ ہے۔ اس ساخت کی ایک امتیازی خصوصیت ہے جو غالباً یکدم پوری طرح واضح بھی نہیں ہوتی ہے بلکہ غیر شعوری طور پر محسوس کی جاتی ہے۔ نظم میں کائنات کی تینوں سطحیں یعنی آسمان، رہائشی زمین (مکانات، کھڑکیاں) اور زمین بذاتِ خود (راہگور، خاک) ایک دوسری سے غیر منقسم طور پر مربوط، تلازمات کے رشتے میں بندھی ہوئی ہیں اور ایک واحد قوتِ متحرک کے تابع ہیں جسے ہم نگاہِ منتظر کی قوتِ متحرک کہہ سکتے ہیں۔ اس کے معنویاتی سلسلے کے عناصر شعری کائنات کی ہر سطح پر واقع ہیں؛ (۱) آسمان پر تارے (تارے اور آنکھوں کی شاعرانہ مماثلت

واضح ہے)، (۲) زمین پر روشن کھڑکیاں (گھروں کی دیکھنے والی آنکھیں) (۳) زمین پر راہ گزر پر نقشِ پا

(حالتِ انتظار میں کھلی آنکھیں)۔ اس کے علاوہ نظم میں ایک اور نگاہ موجود ہے، اور وہ ہمارے ہیرو کی نگاہ ہے جو شروع میں آسمان کی طرف اُٹھی ہوئی ہے (بکھرنے لگا تاروں کا غبار)، پھر نیچے گھروں پر اُترتی ہے اور ایوانوں کی کھڑکیوں میں بجھنے والے چراغوں پر سرکتی ہے، اور پھر اور نیچے راہ گزر کی طرف آتی ہے جہاں پہنچ کر دھول میں "قدموں کے سراغ" پر رُک جاتی ہے۔ اس سے آگے نگاہ کہیں جا نہیں سکتی ہے۔۔۔ اُمید کی علامت آسمان سے شروع ہو کر، رہائشی سطح سے گزرتا ہوا، خاتمے اور نا امیدی کی علامت خاک اور دھول تک پہنچنے والا یہ مائل بہ نشیب خطِ حرکت بے بسی اور اداسی کو اور زیادہ شدید بناتا ہے۔

یہ بات بھی قابلِ غور ہے کہ ساری نظم کی ساخت "نفسیاتی مماثلت" کے اصول پر مبنی ہے۔ مراد ہے کہ انسان اور اس سے دردمند کائنات کے یکساں حالات ہیں۔ کائنات کی صورتِ حال امید کے خاتمے کے اور ساتھ ہی ساتھ اپنی تنہائی کے اُس شدید احساس کی آئینہ داری کرتی ہے جو رفتہ رفتہ نظم کے ہیرو کو ہو جاتا ہے۔ اس کا اظہار لفظی اور معنویاتی سطح پر ہوتا ہے۔ ستارے ماند ہو جاتے ہیں، گھروں میں چراغ بھڑک بھڑک کر گل ہو جاتے ہیں، راہ گزر پر پائے جانے والے نقشِ پا مٹ جاتے ہیں، کسی کے پاؤں کے یہ نشان "اجنبی خاک" دھندلا دیتا ہے۔ اب کوئی ایسا نشان دیکھنے کو باقی نہیں جو یاد دلا سکتا ہے کہ حال ہی میں یہاں کوئی دلنواز، کوئی اپنا انسان گزرا تھا۔ شاید اسی کا اب انتظار ہے۔ جس شخص کے نقشِ پا تھے اس کا دلدار اور اہلِ درد ہونا کلاسیکی شعریت کے منطق کے مطابق ہے، یعنی اگر خاک "اجنبی" ہے، تو اس کے منطقی معنی یہ نکلتے ہیں کہ نقشِ قدم کسی "واقف کار" کے، کسی "اپنے" کے رہے ہوں گے۔

اب تصویر کچھ اس طرح کی ہے کہ ہر وہ شے جو انتظار کے عمل میں شریک تھی (اور یہ تو ساری کائنات ہے!) انسان کو تنہا چھوڑ دیتی ہے۔ یوں سمجھا جا سکتا ہے کہ ساری کائنات میں صرف انسان ہی انتظار کا بوجھ اُٹھا سکتا ہے۔ اور جب صاف ہو جاتا ہے کہ انتظار کا کوئی ثمرہ نہیں ملے گا، تو انسان کے لیے دوسری آزمائش، تنہائی کی آزمائش شروع ہو جاتی ہے۔۔۔

بظاہر تو نظم کے ہیرو کی مایوسی کی کوئی حد نہیں: اسے انتظار کا کوئی ثمرہ نہیں ملا۔ گھر کے بند دروازوں میں اب "شبِ غم کا جوش ہے"۔۔۔ لیکن پھر بھی اگر زیادہ غور سے دیکھا جائے تو اس تنہائی کا عالم اتنا گراں بار نظر نہیں آئے گا جتنا پہلی نظر میں معلوم ہوتا ہے۔ اس ساری نظم کے پس منظر میں گویا مبہم سی (بلکہ ان دیکھی سی) امید کی کرن جھلکتی رہتی ہے جس سے یہ تنہائی عظیم کی گراں باری بھی تھوڑی بہت ہلکی بھی معلوم ہوتی ہے۔ وہ کس طرح؟

غور سے دیکھا جائے تو نظم کا سارا ماحول زندگی سے بھرپور ہے! مفہوم اور لہجے کو برطرف رکھ کر پہلے لفظیات کو ہی لیں۔ مصرعوں میں کتنے فعل ہیں جو بذاتِ خود حرکت کی، زندگی کی علامت ہیں: کسی کا آنا - نا آنا، راہرو کا چلے جانا، رات کا ڈھلنا، تاروں کے غبار کا بکھرنا، چراغوں کا لڑکھڑانا، راہگزر کا سو جانا وغیرہ وغیرہ۔

ایک اور بات توجہ طلب ہے۔ نظم میں بے جان شے بھی جان دار معلوم ہوتی ہیں: راہ گزر کو تکنے کی اور سو جانے کی انسان کی صفتیں حاصل ہیں، اسی طرح چراغ خوابیدہ ہیں اور لکڑی کے کواڑ تک "بے خواب" ہیں، اس میں بھی جاندار شے کی صفت ہے۔

ہاں، کائنات کے سارے عناصر تھک کر انسان کو تنہائی میں چھوڑ دیتے ہیں سہی، لیکن ہمیشہ کے لئے تو نہیں! رات ڈھل جاتی ہے سہی لیکن رات کے بعد دیر یا سویر صبح ضرور آتی ہے۔ اور صبح آنے پر نیا انتظار شروع ہوگا، "نئے سرے سے حساب سارے" شروع ہو جائیں گے، یہ امید جاگ اُٹھے گی کہ "آئے گا آنے والا"۔

شاید اسی غیر واضح اُمید کی بدولت نظم کی قنوطیت کی نہیں بلکہ رجائیت کی نوعیت کی بات کی جا سکتی ہے۔ میرے خیال میں، اس "پوشیدہ رجائیت" میں فیض کی اس نظم کا ایک راز ہے۔

حالات کے بدلنے کے ساتھ "تنہائی" کا موضوع شاعری کے دل و دماغ کو چھوڑتا نہیں۔ لیکن فیض کے مزید کلام میں احساسِ تنہائی کی کیفیت بدل جاتی ہے۔ مضمون کی حدود کے پیشِ نظر اس کی تفصیلات میں جانے کی گنجائش نہیں، اس لیے اب صرف سرسری طور پر ہی اُن دو اور نظموں کا تذکرہ کیا جائے جن میں رفتہ رفتہ فیض کے احساسِ تنہائی میں تبدیلی نظر آتی ہے۔ ۱۹۷۸ء میں لندن میں لکھی ہوئی نظم:

مرے دل مرے مسافر/ ہوا پھر سے حکم صادر/ کہ وطن بدر ہوں ہم تم
دیں گلی گلی صدائیں/ کریں رُخ نگر نگر کا
کہ سُراغ کوئی پائیں/ کسی یارِ نامہ بر کا
ہر اک اجنبی سے پوچھیں/ جو پتہ تھا اپنے گھر کا
سرِ کوئے ناشنایاں/ ہمیں دن سے رات کرنا
کبھی اِس سے بات کرنا/ کبھی اُس سے بات کرنا
تمہیں کیا کہوں کہ کیا ہے/ شبِ غم بُری بلا ہے
ہمیں یہ بھی تھا غنیمت/ جو کوئی شمار ہوتا
ہمیں کیا برا تھا مرنا/ اگر ایک بار ہوتا

اس نظم میں حب الوطنی کے علاوہ ایک اہم موضوع، تنہائی کا موضوع بھی نمایاں ہے۔ اس نظم میں بھی نظم کا ہیرو اپنے دل سے گفتگو کی شکل میں خود کلامی کرتا ہے جو عام طور پر انسان تنہائی میں ہی کرتا ہے۔ لیکن اب تنہائی کی قطعی دوسری کیفیت ہے: یہ گھر کی چار دیواری میں بند انتظار کرنے والے کردار کی تنہائی نہیں بلکہ ہجوم میں تنہائی، آباد شہروں اور گلیوں میں بھٹکنے والے انسان کی جان لیوا تنہائی

ہے۔اس طرح کی تنہائی ایک عجیب سی بے گانگی، زندگی کی خوشیوں سے بے زاری ، مایوس کن پریشانی اور تذبذب کی بھی ایک شکل ہے۔شاعر کی جلاوطنی اور بیسویں صدی کی ساتویں دہائی کے اواخر میں دنیا میں رونما ہونے والے تشویش ناک حالات کا پس منظر، اور پھر، خود اپنے اور دنیا کے مستقبل کے سلسلے میں شاعر کی غیر یقینی اور پریشانی، تنہائی کی اس نئی کیفیت کی وضاحت کرتی ہیں۔

تنہائی کی اسی کیفیت کا عروج ہم ''غبارِ ایام'' میں درج نظم ,,آج شب کوئی نہیں ہے،، میں دیکھتے ہیں جو غالباً ۱۹۸۳ء کے اواخر میں لکھی گئی ہے۔ یعنی یہ فیض کی آخری نظموں میں سے ایک ہے۔اس کے چند اشعار پر نظر ڈالیں:

آج شب دل کے قریں کوئی نہیں ہے/''کوئی نغمہ، کوئی خوشبو، کوئی کافر صورت'' کوئی اُمید، کوئی آس مسافر صورت/کوئی غم، کوئی کسک، کوئی شک، کوئی یقیں کوئی نہیں ہے۔

پوری نظم اسی طرح کے بھاری ماتمی رنگ میں رنگی ہوئی نظر آتی ہے۔''نقش فریادی'' کی ''تنہائی'' اور اس نظم کی تنہائی کی احساس میں کتنا بڑا فرق ہے!۔اگر ''تنہائی'' میں، جیسے کہ اُوپر دکھایا گیا ہے، رواں دواں زندگی کی ایک صورت کی تصویر کشی ملتی ہے تو '' آج شب کوئی نہیں'' میں کیا تصویر نظر آتی ہے؟ نظم کے لفظیاتی پہلو ہی لیں۔چودہ مصرعوں پر مشتمل اس پوری نظم میں صرف ایک ہی فعل استعمال ہوا ہے''ہونا'' جو دراصل صرف ونحو کا ہی ایک ضروری عنصر ہے۔ تاہم یہ ''ہے'' بھی منفی شکل میں موجود ہے، یعنی ,نہیں،، ہے۔

یہاں دو آخری نظموں کا تفصیلی مطالعہ کرنا مقصود نہیں۔ان کا تذکرہ صرف ایک موازنہ کے طور پر کیا گیا ہے۔

شاعر کے احساسات میں تبدیلی کی وجوہ پر بحث ایک الگ موضوع ہے۔

آخر میں بس اتنا ہی کہنا ضروری معلوم ہوتا ہے کہ آج بھی جب دنیا کے اکھاڑے میں نئی نسل نمودار ہوئی ہے فیض احمد فیض کی صد سالہ سال گرہ عالمی پیمانے پر دھوم دھام سے منائی جا رہی ہے۔لیکن شاعر کی یاد کو خراج عقیدت پیش کرنے کا معاملہ رنگارنگ تقریبات تک محدود نہیں۔فیض کی شہرت اور ان کی شاعری کی نہ ختم ہونے والی مقبولیت کا زیادہ اہم ثبوت ان کے اشعار سے وہ دلچسپی ہے جو کبھی کم نہیں ہوتی بلکہ اس کے برعکس بڑھتی جاتی ہے۔فیض کے کلام کا مطالعہ زیادہ وسیع اور گہرا ہوتا جا رہا ہے۔اگر پہلے فیض کی شاعری کے نظریاتی اور سماجیاتی پہلو پر اوّلین زور دیا جاتا تھا اور اکثر فیض کا ''مجاہد امن'' اور'' غریبوں اور مظلوموں کے شاعر'' کی حیثیت سے ذکر کیا جاتا تھا، تو اب زیادہ سے زیادہ موقعوں پر ان کو ایک نامور اردو شاعر اور ایک منفرد فنکار قرار دیا جاتا ہے اور ان کے کلام کی شعریات اور فنکارانہ خصوصیات پر غور کیا جاتا ہے۔اس مضمون میں بھی اسی پہلو پر غور کیا گیا ہے۔

ساتھ ہی ساتھ یہ بھی دکھانا اس تحریر کا ایک مقصد تھا کہ ایک غیر زبان روسی طالب علم کس طرح فیض کے اشعار کو سمجھ لیتا اور محسوس کرتا ہے۔اگر میری یہ حقیر کوشش کامیاب ہوئی، تو مجھے بڑی خوشی ہوگی۔

براہِ راست ...... گلزار جاوید

محترم گلزار جاوید صاحب، تسلیمات

گذشتہ کل میں نے مرسلہ سوالنامہ پڑھا۔ بہت معافی چاہتی ہوں کہ میں آپ کے چالیس سوالوں کے جوابات دینے سے قاصر ہوں۔ یہ میرے بس کی بات نہیں ہے کیونکہ آپ کے ہر سوال کے بارے ایک مضمون اور بعض سوالوں کے جواب میں تو پوری کتاب لکھی جانی چاہیے۔ آپ کے سوال نمبر ۳۹ پر میری توجہ مبذول ہوئی، میرے لیے تعریف نہیں بلکہ تنقید سب سے اور دلچسپ ہوتی ہے۔ مجھے بہت افسوس ہے کہ فلحال مجھ تک فیض احمد فیض کی نسبت میری کتاب کے حوالے سے کوئی تنقید نہیں پہنچی ہے وگرنہ مجھے اپنی تحریر کی کوتاہی معلوم ہو جاتی اور اگلی بار میں اس کوتاہی کا ازالہ کر سکتی۔ آپ کی توجہ اس جانب دلانا چاہتی ہوں کہ آپ کو میرے بارے میں غلط معلومات ملی ہیں۔ میں صدر بژنیف کے دورۂ بھارت کے موقع پر مترجم کے طور پر نہیں بلکہ سوویت پریس گروپ کی ایک شریک ممبر کے طور پر بھارت گئی تھی جس کا کام دورہ پر روشنی ڈالنا تھا۔ حکومت ہند سے کسی قسم کی فرمائش میری عقل سے قطعی ماورا ہے۔ سوال نمبر ۱۰ میں جو بات مجھ سے منسوب کی گئی ہے وہ میں نے ہرگز نہیں کہی۔ میں نے ادب کی نہیں بلکہ شاعری کے تراجم پر گفتگو کرتے ہوئے کہا تھا ''عام طور پر شاعری (اردو شاعری بھی) کا اثر دل پر ہوتا ہے پھر شعر کا مطلب دماغ تک پہنچتا ہے جبکہ غیر زبان قاری کے لیے یہ عمل اُلٹا ہوتا ہے۔ یعنی شعر کو سمجھے بغیر، غیر زبان قاری اُسے دل میں اُتار نہیں سکتا ہے یعنی بات بالکل الگ ہوئی۔ میرے مطابق قرۃ العین حیدر، جیلانی بانو، کشور ناہید، واجدہ تبسم، دیویا ماتھر خواتین ہی ہیں (سوال نمبر ۱۲) میں نے غالب کے دل کا فیض کے دل سے موازنہ کیا؟!!! کسی کے دل کو بالغ یا نابالغ بتایا؟ کہاں بتایا؟ میں نے غمِ دل اور غمِ دنیا کے استعارے پر بحث کی پھر یہ دل کی بات کہاں سے آ گئی؟ اس طرح ایسے سوالات کم نہیں ہیں جن کے جوابات کے بجائے وضاحت ہی کرنی چاہیے۔ آپ کے بہت سے سوالات ایسے ہیں جن کے جوابات سیاستدان، تاریخ دان یا سماجی کارکن ہی دے سکتے ہیں۔ آپ شاید میرے جواب سے ناراض ہو جائیں مگر میں بہت معذرت چاہتی ہوں کہ میں آپ کی خواہش کے مطابق سوالنامے کے جوابات دینے سے قطعی قاصر ہوں۔

آپ کی خیراندیش

لدملا

۱۔ آپ نے سوویت روس میں اردو اور ہندی زبانوں کی تاریخ، ترقی، ترویج اور تدریس پر تفصیل سے روشنی ڈالی ہے مگر اپنی بابت کچھ نہیں بتلایا کہ آپ کا رجحان مشرقی علوم بلخصوص اردو کی جانب کس طور ہوا؟

۲۔ تراجم کی طرف آپ کی طبیعت کب مائل ہوئی اور کئی درجن لوگوں کی تخلیقات کے تراجم کے باوجود فیض آپ کی توجہ کا مرکز کیونکر ٹھہرے؟

۳۔ کچھ تفصیل تدریس اور نشر و اشاعت کے تجربات کی بتلایئے؟

۴۔ تنقید، تراجم، تدوین اور ترویج کے علاوہ کبھی آپ کی طبیعت تخلیق کی جانب مائل نہیں ہوئی؟

۵۔ روسی نژاد ادیبہ اور مترجم کو اردو ادب اور قاری کا مزاج آشنا ہونے کے لیے کس طرح کی کاوشات کرنا پڑیں؟

۶۔ لکھنے پڑھنے کے علاوہ آپ کے مشاغل کیا ہیں۔ کچھ اپنے اور کچھ اپنوں کے بارے آگاہی دیجیے؟

۷۔ کچھ روشنی سوویت معاشرے کی بود و باش، رہن سہن اور مزاج کی نسبت بتلایئے؟

۸۔ روسی صدر برژنیف کے دورۂ بھارت کے موقع پر بطور ترجمان آپ کا تقرر کس بنیاد پر ہوا۔ آپ اُن تجربات کو کن الفاظ میں یاد کرتی ہیں اور دورۂ کے اختتام پر حکومت ہند سے آپ نے کیا فرمائش کی تھی؟

۹۔ جب لوگ یہ کہتے ہیں کہ مشرقی ادب بلخصوص اردو ادب کا مزاج روسی ادب سے کافی قریب ہے تو اس کا مطلب کیا ہوتا ہے۔ آپ کے خیال میں اگر ایسی کوئی مناسبت ہے تو اس کا جواز کیا ہے؟

۱۰۔ آپ فرماتی ہیں کہ ہر زبان کا ادب دل سے ہوتا ہوا دماغ پر اثر کرتا ہے۔ اب اگر اردو شاعری میں معاملہ اُلٹ ہے تو اس کے اسباب کیا ہیں اور اُن سے کس طور نبٹا جا سکتا ہے؟

۱۱۔ آپ نے بے شمار تخلیق کاروں کے تراجم کیے ہیں۔ فیض کے علاوہ آپ کی شخصیت نے کن کا اثر زیادہ قبول کیا؟

۱۲۔ صنفِ نازک کی باوقار نمائندہ ہونے کے باوصف آپ نے خواتین تخلیق کاروں پر اُس قدر توجہ نہ دی جس کی وہ بجا طور پر حقدار تھیں؟

۱۳۔ اردو ادب اور ادیب پر ہمیشہ رومان پرور ہونے کا الزام لگا کرتا ہے۔ اس حوالے سے آپ ہمیں اپنے تجربات میں شریک کرنا پسند کریں گی؟

۱۴۔ فیض کو آپ نے کب کہاں اور کس واسطے سے پڑھا اور اُن کے

کلام کی کس خوبی نے آپ کو اُن کا گرویدہ بنادیا؟

۱۵۔ اُسامہ فاروقی کا فیض فہمی میں کیا رول ہے اور اُن کے اچانک انتقال سے کس طرح کی مشکلات درپیش رہیں؟

۱۶۔ غالب کے کلام کے تراجم میں آپ کو کن مشکلات کا سامنا تھا اور فیض پر آپ کی نظرِ انتخاب کیونکر پڑی اور انھوں نے کس طور آپ کی مدد ور ہنمائی فرمائی؟

۱۷۔ اس کام میں فیض اور اُن کے خاندان سے آپ کے قریبی تعلق کا کیا رول رہا۔ وضاحت سے بتلایئے کہ احباب آپ اور فیض کے تعلق کا خصوصیت سے ذکر کیا کرتے ہیں؟

۱۸۔ غالب کی عظمت سے کس کو انکار ہوسکتا ہے مگر اردو ادب نے جس طور میر تقی میرؔ کو فراموش کیا ہے اُس کا جواز اور نقصانات کی بابت آپ کیا کہنا چاہیں گی؟

۱۹۔ فیض کے دل کو غالب کے دل سے زیادہ بالغ بتلا کر آپ نے بحث کا ایک اور در وا کردیا ہے؟

۲۰۔ دورانِ اسیری فیض اور ایلس فیض کے درمیان مراسلت کو اہمیت دینے والے صرف فیض صاحب کا ذکر کیوں کرتے ہیں۔ ایلس فیض کو فراموش کرنا آپ کے خیال میں زیادتی نہیں؟

۲۱۔ کچھ لوگ فیض کی سلاست، روانی اور دھیمے پن کو فارسی ادب کی دین گردانتے ہیں۔ اس طرح فیض کا تخلیل دھندلا نہیں جاتا؟

۲۲۔ فیض کو ناقابلِ یقین حد تک مجموعہ اضداد گردانے والے فیض احمد فیض کی تعریف کر رہے ہیں یا اُن کی بھد اُڑا رہے ہیں؟

۲۳۔ اس رائے میں کس قدر وزن ہے کہ ''کمیونسٹ مینی فیسٹو'' کے مطالعہ اور اشتراکی نظریہ کے حامل دوستوں کی محبت نے فیض احمد فیض کی رومان پرور شاعری کو سیاست زدہ کردیا تھا؟

۲۴۔ اقبال اور فیض ہمارے خیال میں دو الگ مکتب فکر کے نمائندہ ہیں۔ پھر فیض کو کس اعتبار سے اقبال کی فکر اور فن سے متاثر گردانا جاسکتا ہے؟

۲۵۔ برصغیر کے اکثر لوگ بجا طور پر یہ اعتراض کرتے ہیں کہ کچھ حلقے اقبال کو شاعر کے بجائے پیغمبر بنانے پر تلے ہوئے ہیں۔ آپ کا نقطہ نظر اس حوالے سے کیا ہے اور اس روش سے پرہیز کس طرح کیا جاسکتا ہے؟

۲۶۔ سرسید احمد کی بابت آپ کی بے لاگ رائے اور سوویت روس میں ابتدائی ایام کے اندر اُن کی بابت منفی رائے کا سبب کیا تھا۔ اگر پروفیسر سخوف ہمت نہ کرتے تو سرسید کے ساتھ ناانصافی نہ ہوجاتی؟

۲۷۔ سوویت روس کے انہدام کے بعد سُرخوں کے سردار سجاد ظہیر کی اس رائے میں کس قدر وزن باقی رہ جاتا ہے کہ فیض نے جن قدروں کی نمائندگی کی وہ تمام عالم انسانیت کی مشترک قدریں ہیں۔ وہ قدریں آج کہاں ہیں اور عالم انسانیت کو ابتلا میں چھوڑ کر کہاں گم ہوگئی ہیں؟

۲۸۔ آپ کی رائے کے مطابق آخری ایام میں فیض صاحب مایوسی کا شکار ہوگئے تھے۔ اس کا ذمہ دار آپ کے خیال میں زوالِ روس کے علاوہ اور کیا ہوسکتا ہے؟

۲۹۔ ایک رائے یہ ہے کہ سوویت روس کے ٹوٹنے کے بعد فیض کے خواب بھی بکھر گئے تھے جس کے باعث اُن کی سیاسی، سماجی اور اخلاقی قدریں وقت کی کسوٹی پر پورا نہ اُتر سکی تھیں؟

۳۰۔ جبکہ کچھ لوگوں کا کہنا یہ ہے کہ برژنیف کے دور میں مخالف آوازوں کو سختی سے دبانے، افغانستان میں مداخلت اور سوویت روس میں شدید بدعنوانی نے فیض احمد فیض کو شکوک وشبہات میں مبتلا کردیا تھا؟

۳۱۔ سوویت حکومت کو یہ احساس کب اور کیوں ہوا کہ تیسری دنیا کے ادیب، شاعر، دانشور اور صحافی اُس کی گرفت سے نکلے جارہے ہیں اور حکومت کے کارپردازوں نے اس کا سدِباب کس طرح کیا؟

۳۲۔ راولپنڈی سازش کیس میں کس قدر صداقت ہے اور آپ نے فیض کو اس حوالے سے کس پوزیشن کا حامل پایا؟

۳۳۔ آپ کے خیال میں مستقبل فیض کی بابت کیا فیصلہ صادر کرے گا۔ یعنی فیض احمد اشتراکی، قوم پرست، وطن پرست یا جمالیات پرست تھے؟

۳۴۔ آپ کیا سمجھتی ہیں کہ آنے والے دنوں میں پولورائزیشن کیا رُخ اختیار کرے گی اور عالمِ انسانیت کو کس طرح کے حالات کا سامنا کرنا پڑے گا؟

۳۵۔ یہ الزام ایک طرح سے لاف زنی اور لغو بھی ہوسکتا ہے کہ سوویت روس کے انہدام میں امریکہ نے اندر سے نقب لگا کر انتہائی اہم کردار انجام دیا؟

۳۶۔ سوویت یونین کے انہدام کے بعد وہاں کے لوگوں کو کس طرح کے حالات کا سامنا رہا اور اُن کے سوچنے، سمجھنے کے انداز میں کیا تبدیلی آئی نیز حکومتی سطح پر مستقبل میں اس طرح کے حادثات سے بچنے کے لیے کس طرح کے اقدامات اٹھائے گئے؟

۳۷۔ دوسری سپر طاقت کے طور پر سوویت یونین کا انہدام دنیا کے لیے بہت بڑا صدمہ ہے۔ آپ کے خیال میں سوویت یونین کے Come Back کرنے کے امکانات کب تک اور کتنے فیصد ہیں؟

۳۸۔ آپ کی نظر میں کل، آج اور کل اردو ادب کا عالمی ادب میں کیا مقام ہونا چاہیے اور کن تخلیق کاروں اور صنف کو اس میں سبقت حاصل ہوسکتی ہے؟

۳۹۔ جہاں کچھ لوگ آپ کی ہمت، محنت اور لگن کی داد دیتے ہوئے آپ کے کام کو سراہتے ہیں وہیں کچھ لوگ ''پرورشِ لوح وقلم'' میں پروفیسر سلوخوف، طالبی اور مطالبی فریدآبادی کے حوالے سے کئی طرح کے سہو کا ذکر بھی کیا کرتے ہیں؟

۴۰۔ آپ نے جس قدر بھی علمی، ادبی کام کیا ہے اُس کی نسبت آپ کے دل میں کس قدر اطمینان پایا جاتا ہے اور مستقبل کے حوالے سے آپ کے ارادے اور خواہشات کیا ہیں؟

"آزمائش دل ونظر کی"

ڈاکٹر ڈیوڈ میتھیوز
(لندن)

اردو دنیا میں شاید ہی کوئی ایسا ہو جس نے ڈاکٹر لدمیلا وسیلیوا کا نام نہ سنا ہو۔ ادب کے قارئین میں سے تو بہت سوں کو ہندوپاک، برطانیہ اور دنیا کے بہت سے دوسرے ممالک میں اردو سے متعلق منعقدہ ہونے والی کانفرنسوں اور اجلاس میں ان سے بات چیت کا اور ملنے کا شرف بھی حاصل ہوا ہوگا۔ ملنے والے نہ صرف ان کی اردو زبان پر قدرت سے متاثر ہوتے ہیں بلکہ اردو ادب خصوصاً بیسویں صدی کے اردو ادب پر ان کے غائر مطالعے سے بھی مرعوب ہو جاتے ہیں۔ اردو ادب سے گہرے اور طویل تعلق کی وجہ سے وہ برصغیر کے کئی دورے کر چکی ہیں۔ اسی لیے انہیں یہ مواقع نصیب ہوتے ہیں کہ وہ اپنے ہم عصر اہم اہل قلم سے ملاقاتیں بھی کر سکیں اور ان کے فن پر پورے اعتماد کے ساتھ اپنے خیالات کا اظہار بھی کر سکیں۔ عام طور پر روسی زبان میں لکھے ہوئے ان کے بیشتر مضامین اور مذاکرات میں پڑھی ہوئی تحریریں انہیں اہم ادیبوں کی تخلیقات پر ان کی دسترس کا پتہ دیتی ہیں۔ لدمیلا جنہیں ان کے دوست ان کے نام کے اختصار "میلا" کے نام سے پکارتے ہیں بعض عالموں کی طرح خشک اور ٹھس نہیں ہیں۔ آپ انہیں بڑے جلسوں اور نجی محفلوں میں ہندوپاک کے ان لوگوں کے درمیان پائیں گے جو ان کی اردو دانی اور اردو ادب پر ان کی گہری نگاہ کے معترف ہیں۔ ان محفلوں میں آپ انہیں شعر سنتے، سناتے، لطیف باتوں پر قہقہے لگاتے اور ان پُر مزاح باتوں میں بھرپور حصہ لیتے ہوئے دیکھیں گے جو اردو والوں کی محفلوں کی خصوصیت ہیں۔ ان سے پہلی بار ملنے والے یہ دیکھ کر حیران رہ جاتے ہیں کہ وہ کیسی بامحاورہ اور شستہ اردو میں گفتگو کر رہی ہیں۔ کچھ ہی دیر بعد وہ یہ بھول جاتے ہیں کہ میلا روسی ہیں، وہ یہ سمجھنے پر مجبور ہو جاتے ہیں کہ اردو میلا کی مادری زبان ہے۔ انہیں زبان پر ہی قدرت حاصل نہیں ہے بلکہ وہ یہ بھی جانتی ہیں کہ اردو بولنے والوں سے کیسے گھلا ملا جاتا ہے۔ اگر کسی باہر والے کو برصغیر کے معزز شہری ہونے کا انعام دیا جاسکتا ہے تو اس کی سب سے پہلی حقدار ڈاکٹر لدمیلا وسیلیوا ہیں۔

میں لدمیلا کو برسوں سے جانتا ہوں اتنے برسوں سے کہ اب مجھے صحیح مہینہ اور سال بھی یاد نہیں:

کبھی کبھی یاد میں اُبھرتے ہیں نقش ماضی مٹے مٹے سے
وہ آزمائش دل ونظر کی، وہ قربتیں بھی وہ فاصلے سے

غالباً یہ ستر کے عشرے کی ابتدا تھی جب ہماری ملاقات علی گڑھ یونیورسٹی میں ہوئی۔ میں ان دنوں وہاں کے کتب خانے میں کچھ تحقیقی کام کرنے اور پروفیسر آل احمد سرور سے ملنے گیا تھا جو اس وقت صدر شعبہ اردو تھے۔ انھوں نے مجھ سے فرمایا کہ میں اپنے کام کے متعلق ان کے شعبے کے اراکین اور طلبہ وغیرہ سے خطاب کروں اور برسبیل تذکرہ فرمایا کہ کل سوویت یونین سے ایک اور عالمہ بھی تشریف لا رہی ہیں۔ وہ بھی آپ کے ساتھ اسٹیج پر موجود ہوں گی۔ اس وقت تک میں اردو میں تقریر کرنے کا کافی عادی ہو چکا تھا اور اکثر اوقات داد کا مستحق قرار پاتا تھا۔ اس کے بعد آٹوگراف بکس پر میرے دستخطوں کا سلسلہ جاری ہو جاتا تھا اور مجھے جو چند اشعار یاد تھے میں ان کتابوں پر لکھ دیتا تھا۔ دوسرے دن سہ پہر کو بغیر کسی تعارف کے لدمیلا میرے پاس اسٹیج پر آ کر بیٹھ گئیں۔ پہلے میں نے تقریر کی اور حسب معمول تالیوں کی گونج کے ساتھ "واہ واہ، کیا کہنا، کمال ہے" جیسے جملے کان میں پڑے۔ میرے بعد لدمیلا مائک پر آئیں۔ میرا خیال تھا کہ بہت سے یورپین عالموں کی طرح جن سے میں واقف تھا لدمیلا بھی ٹوٹی پھوٹی اردو میں چند جملے کہہ کر اپنی جگہ پر جا بیٹھیں گی۔ لیکن انھوں نے تو کمال کر دیا۔ اردو اور فارسی اشعار سے سجی ہوئی ان کی تقریر دلوں میں اُتر گئی۔ بیشتر وہ اپنے لکھے ہوئے مضمون کو ایک طرف رکھ کر سامعین سے بالمشافہ خوبصورت انداز میں مخاطب ہوئی تھیں۔ ان کا لہجہ، ان کا تلفظ اور برملا محاوروں کے استعمال نے غضب ڈھا دیا۔ اس شام بلا مبالغہ وہ محفل پر چھا گئیں اور ایمان کی بات تو یہ ہے کہ وہ اس کی مستحق بھی تھیں۔ ایک ذہین اور خوبصورت روسی لڑکی کے مقابل ایک عام سا انگریز مرد بھلا کیا کر سکتا تھا۔

لدمیلا نے تحصیل علم کے ساتھ لوگوں کے دل کی دھڑکن بننا بھی سیکھ لیا تھا۔ وہ اپنے انداز اور زبان دانی کے جلوے دکھا رہی تھیں اور میرے ذہن میں یہ شعر گونج رہا تھا:

کاش اب برقع منہ سے اٹھا دے ورنہ پھر کیا حاصل ہے
آنکھ مندنے پر ان نے گو دیدار کو اپنے عام کیا

دوسرے دن لدمیلا سے میری مختصر ملاقات ہوئی اور کچھ مزید تعارف ہوا۔ انھوں نے بتایا کہ انھوں نے سوویت یونین میں اردو اور ہندی سیکھی ہے اور ریڈیو ماسکو کے شعبہ اردو میں براڈکاسٹر اور مترجم ہیں۔ یہی وجہ تھی کہ وہ اتنی اچھی اور رواں اردو بولتی تھیں۔ گزشتہ دس سال میں میں کئی بار سوویت یونین گیا ہوں اگرچہ وہاں کئی چیزوں میں بہت سی خامیاں موجود ہیں لیکن اس کے باوجود انھوں نے بعض چیزوں میں ترقی بھی کی ہے اور اس ترقی کی ایک بہت نمایاں شکل ان کا نظام تعلیم ہے جس کی ایک عمدہ مثال لدمیلا ہیں۔ انھوں نے انگریزی، اردو اور ہندی میں مہارت حاصل کی اور بہت سے برطانوی طلبہ کے

علی الرغم انہیں ان کی دلچسپی کے شعبے ہی میں ملازمت کا موقع فراہم کیا گیا۔اور ایک براڈ کاسٹر کی حیثیت سے انھوں نے اپنی مہارت کا اعلیٰ مظاہرہ کیا۔میں نے انھیں بتایا کہ میں علی گڑھ سے دلی جاؤں گا انھوں نے کہا کہ چند دن بعد وہ بھی وہاں پہنچیں گی ۔ان دنوں سوویت یونین کے شہریوں کے لیے غیر ملکیوں سے بے تکلفانہ سطح پر ملنا بہت مشکل تھا خصوصاً ان غیر ملکیوں سے جن کا تعلق سرمایہ دارانہ نظام کے حامل ممالک سے تھا۔ مجھے یہ سن کر بہت خوشی ہوئی کہ لدمیلا مجھ سے دلی میں چائے پر ملاقات کریں گی ۔ہماری ملاقات امپیریل ہوٹل کی شاندار فضا میں ہوئی ۔شام ہو رہی تھی موسم کی شدت میں کمی آ چکی تھی۔ برآمدے کے سامنے ہری گھاس کے قطعات پر تازہ چھڑکے ہوئے پانی کے قطرے ٹھنڈی ہوا اور یاسمین کے پھولوں کی خوشبو عجیب لطف دے رہی تھی:

زمین چمن گل کھلاتی ہے کیا کیا
بدلتا ہے رنگ آسماں کیسے کیسے

اس دلکش فضا میں ہم تقریباً ایک گھنٹے تک باتیں کرتے رہے۔اس گفتگو میں بہت سے موضوعات پر باتیں ہوئیں مثلاً برطانوی طرز حیات، روسی زندگی، ہندوپاک میں ہم دونوں کے مشترکہ دوست وغیرہ۔اس گفتگو سے اندازہ ہوا کہ ہم دونوں میں بہت سی باتیں یکساں ہیں۔اگرچہ ہمارا تعلق دو مختلف ممالک سے تھا لیکن ہمارا پیشہ اور میدان ایک ہی تھا۔ہم دونوں ہی برصغیر سے بہت متاثر تھے اور ان معنی میں ہم دونوں ہی خوش قسمت تھے کہ ہمیں خود کو اردو کی ترقی و ترویج کے لیے وقف کرنے اور ان لوگوں کے ساتھ کام کرنے کا موقع ملا تھا جو ہمیں بہت عزیز تھے۔آخر ملاقات اختتام کو پہنچی میں ایک دو دن میں نیپال جانے والا تھا۔لدمیلا سے میں معلوم نہیں کر سکا کہ انہیں اب کہاں جانا تھا۔ان دنوں جب سیاسی عوام ہی یہ طے کرتے تھے کہ کسے کب اور کہاں جانا ہے۔ہمیں ایک دوسرے سے جلد ملنے کی امید نہیں تھی لیکن شاہجہاں کی دلی میں لدمیلا سے اس شام کی خوشگوار ملاقات آج بھی میرے دل میں بسی ہوئی ہے:

اتفاقاتِ زمانہ سے یہ کچھ دور نہیں
یوں بھی ہوتا ہے کہ بچھڑے ہوئے مل جاتے ہیں

لدمیلا سے دوبارہ ملاقات تو بہت عرصے بعد ہوئی لیکن ہندوپاک کے ان دوستوں سے ان کی خیریت ملتی رہی جو ان سے ماسکو میں ملے تھے۔ ۱۹۷۸ء میں، میں نے حیدرآباد دکن میں کئی ماہ قیام کیا جہاں ایک چھریرے بدن کی نیلی آنکھوں والی ایک روسی لڑکی سے ملا ان کا نام بھی لدمیلا تھا یہ بعد میں میری شریک حیات بنیں۔ یہ روس کے ایک شہر کیو سے تشریف لائیں تھیں۔اب میں آسانی کی خاطر ان کے نام کے مخفف ''لیودا'' سے ان کا ذکر کروں گا۔ مجھے ایسا محسوس ہوا کہ سوویت یونین اور لدمیلا نام میری قسمت میں لکھا ہوا ہے۔لیودا اس وقت عثمانیہ یونیورسٹی میں روسی پڑھا رہی تھیں۔ کیو میں ان کا خصوصی میدان انگریزی تھا۔انہیں بھی ہندوستان سے بہت محبت تھی اور فرصت کے اوقات میں وہ ہندوستان کے بہت سے علاقے دیکھ چکی تھیں ۔ایک دن انھوں نے مجھ سے کہا کہ وہ دلی میں اردو کی ایک روسی ماہر خاتون ڈاکٹر لدمیلا وسیلیوا سے مل چکی ہیں ۔انھوں نے ڈاکٹر لدمیلا وسیلیوا کی مزید تفصیل نہیں بتائی۔لیکن میں نے یہ اندازہ لگا لیا کہ میں اور لیودا ایک مشترک دوست رکھتے ہیں۔شادی کے بعد میں اور لیودا اکثر وسیلیوٗا کا ذکر کرتے رہے اور ان سے ملنے کی ترکیبیں سوچتے رہے۔آخر مجھے ان سے ملنے کا موقع ۱۹۹۰ء میں ملا جب میں فراق گھورکھپوری سے متعلق ایک کانفرنس میں شرکت کے لیے لکھنؤ گیا۔بدقسمتی سے میری بیگم لیودا لندن یونیورسٹی میں اپنی تدریسی مصروفیات کی بنا پر اس سفر میں میرے ساتھ نہیں تھیں ۔گزشتہ ماہ کے ''پرواز'' کے قارئین نے ڈاکٹر وسیلیوٗا کی زبانی ہماری اس ملاقات کا اور میرے تحفے کا حال پڑھ لیا ہوگا لہٰذا اسے دہرانے کی ضرورت نہیں ہے۔ان کی بیان میں میں صرف دو مختصر ترامیم کرنا چاہوں گا۔ پہلی یہ کہ ڈاکٹر وسیلیوٗا نے جس تحفے کو بلاؤز بتایا ہے وہ دراصل ایک چاکلیٹ کا ڈبہ تھا۔دوسری یہ کہ وہ میں نے کسی خوبصورت چیسی لڑکی کو پیش نہیں کیا بلکہ بھوکے نظر آنے والے کچھ پیارے پیارے بچوں کو دیا تھا۔ مجھے بچوں سے بہت پیار ہے۔ان کی کالی آنکھوں کی معصومیت اب تک میرے ذہن میں ہے۔میرے دو روسی دوستوں کے مقابلے میں غالباً انھوں نے وہ چاکلیٹ زیادہ شوق سے کھائے تھے۔روس میں ایسے بھی چاکلیٹ کی کمی نہیں ہے وہاں دنیا کی بہترین چاکلیٹ بنائے جاتے ہیں۔میں جب اپنی ہونے والی شریک حیات سے مل جل رہا تھا تو میں نے چودہ بار روس کا سفر کیا۔ان سے ملاقاتوں کے شوق میں روسی زبان سیکھی۔مغرب کے کچھ ہی اردو داں ایسے ہوں گے جو میری طرح اپنے ہم عصر روسی ادیبوں کی تخلیقات سے مستفید ہوئے ہوں۔روسیوں نے ادب کے میدان میں بہت کام کیا ہے۔روسی مطالعے کے بہت شوقین ہیں۔روسی میں اردو نثر و نظم کے جتنے تراجم نظر آتے ہیں غالباً انگریزی میں بھی اتنے تراجم نہیں ہوئے ہیں اور اس طرح کی کتابوں پر اکثر و بیشتر ڈاکٹر لدمیلا وسیلیوٗا کا نام نظر آتا ہے۔اگرچہ وہ عموماً براڈ کاسٹنگ اور ۱۹۸۲ء میں ماسکو اسٹیٹ یونیورسٹی میں استاد کی حیثیت سے تقرر کے بعد بہت مصروف ہو گئی تھیں پھر بھی انہوں نے ان تراجم کے لیے وقت نکالا اور رجب علی بیگ سرور، قرۃ العین حیدر، ابوالکلام آزاد، جوگندر پال، انتظار حسین کی تخلیقات کا خوبصورت ترجمہ کیا۔اردو شعرا میں انھوں نے اقبال، فیض، فراق، جوش، مجاز، سردار علی جعفری اور بہت سے دوسرے شعرا کے کلام کو روسی میں ڈھالا۔اردو کی طرح روسی شاعری بھی اوزان کی نغمگی رکھتی ہے اور برصغیر کی طرح روسی معاشرے میں شاعری کو ایک خاص مقام حاصل ہے۔ڈاکٹر وسیلیوٗا نے اپنی محنت اور خوش ذوقی سے ترجمے کو تخلیق کا درجہ دے دیا ہے اور ان روسی قارئین کے لیے مطالعے کی ایک نئی جہت پیدا کر دی ہے جن کے لیے ایسا مشرقی ادب ایک نئی دریافت ہے اس کے علاوہ ڈاکٹر وسیلیوٗا نے حیات حالی پر ایک اہم کتاب تصنیف کی ہے اور حال ہی میں اپنے پسندیدہ فیض پر ایک یادگار

تحریر سپرد قلم کی ہے۔سوویت یونین ٹوٹنے کے بعد روسی بغیر کسی روک ٹوک کے سفر کرنے لگے اور ڈاکٹر لد میلا نے دنیا کے مختلف ممالک میں جلد جلد منعقد ہونے والی کانفرنسوں میں شرکت شروع کر دی۔ایک بار پہلے کی طرح میں ان سے پھر علی گڑھ میں ملا۔میں اکثر انہیں اپنے ساتھ اسٹیج پر بیٹھا پاتا ہوں اور حسب معمول اس بار بھی وہ سامعین کی داد سمیٹ کر لے گئیں۔لیکن یہ بات میرے لیے قابل غور نہیں ہے اس لیے کہ من آنم کہ من دانم۔سوویت یونین میں حاصل کیے جانے والے میرے وسیع تجربے نے مجھے یہ سکھا دیا ہے کہ کسی خوبصورت اور ذہین خاتون کے سامنے کوئی مرد داد نہیں پا سکتا۔ان خواتین میں ڈاکٹر لد میلا وسیلیوٗا اور میری بیوی لد میلا میتھیوز بھی شامل ہیں:

اس غیرت ناہید کی ہر تان ہے دیپک
شعلہ سا لپک جائے ہے آواز تو دیکھو

ہر خوددار اور معتبر معلم کی طرح ڈاکٹر وسیلیوٗا اردو ادب کے لیے اپنی خدمات کا ذکر کم ہی کرتی ہیں۔اور اپنی کامیابیوں کی تفصیل بتانے سے گریز کرتی ہیں۔اسی لیے میں قارئین کی معلومات کے لیے ان کی خدمت میں پیش کیے جانے والے چند اعزازات کا ذکر کروں گا۔انہیں دلی میں کرشن چندر، قطر میں امیر خسرو اور لندن میں علی سردار جعفری ایوارڈ پیش کیے گئے۔ان اعزازات سے عالمی سطح پر ان کی اہمیت اور ہر دل عزیزی کا پتہ چلتا ہے۔خود ان کے ملک روس میں انہیں بہت اہمیت حاصل ہے۔اور سرکاری سطح پر ان کی صلاحیتوں کا اعتراف کیا جاتا ہے۔ایک بار جب روس کے صدر برزنیف بھارت آئے تو ان کی ترجمان کے لیے ڈاکٹر وسیلیوٗا کا انتخاب کیا گیا۔میں نے تو یہ بھی سنا ہے کہ ایک بار جب وہ دلی میں قیام پذیر تھیں تو ان سے دریافت کیا گیا کہ وہ سوویت یونین حکومت کی خدمات کے صلے میں کیا اعزاز لینا پسند کریں گی۔وہ کسی تمغے یا خطیر رقم کا مطالبہ کر سکتی تھیں لیکن انہوں نے کہا کہ ان کے لیے یہ بڑا اعزاز ہوگا کہ انہیں مزید دو ہفتے کے لیے آزادی سے دلی میں قیام کی اجازت دے دی جائے۔ان کی اس خواہش کو پورا کیا گیا۔ان تمام باتوں کے علاوہ وہ بہت بااخلاق منکسر المزاج اور مہمان نواز ہیں۔چند ہفتے قبل میں اور میری اہلیہ لیودا ایک بین الاقوامی کانفرنس میں شرکت کے لیے ماسکو گئے۔ہم نے لد میلا سے درخواست کی تھی کہ وہ ہمیں لینے ہوائی اڈے پر نہ آئیں اس لیے کہ ہوائی اڈہ شہر کے مرکز سے بہت دور ہے لیکن انہوں نے ہماری ایک نہ سنی اور پڑوسی کی کار لے کر ہمارے استقبال کے لیے ہوائی اڈے پر پہنچ گئیں اور طوفانی بارش میں ہمیں ہمارے ہوٹل تک پہنچا کر اپنی محبت اور ڈرائیونگ میں اپنی مہارت کا ثبوت دیا۔یہی نہیں انہوں نے ہوٹل میں ہمیں پھلوں کی ایک ٹوکری سے بھی نوازا۔کانفرنس کے انتظام میں بے انتہائی مصروف ہونے اور اپنی تھکان کے باوجود انہوں نے ہمیں اور ہمارے ایک دیرینہ عزیز دوست کو اپنی رہائش گاہ پر مدعو کیا اور ہمارے لیے خود بہت لذیذ کھانا تیار کیا ایک بار کسی لکھنے والے نے کہا تھا کہ روسی بنیادی طور پر مشرقی مزاج کے حامل ہیں۔مہمان نوازی اور تواضع کے ذیل میں روسیوں کے متعلق لکھنے والے کا یہ تجربہ بالکل صحیح ثابت ہوتا ہے۔غالباً یہی وجہ ہے کہ روسی اور ڈاکٹر لد میلا وسیلیوٗا برصغیر میں رہ کر خود کو اپنے ہی گھر میں سمجھتے ہیں۔اب جبکہ وہ اکثر لندن آتی ہیں اور ہم ماسکو جاتے ہیں ہمیں ان سے ملنے کے زیادہ مواقع حاصل ہوتے ہیں اور ہم ان کی مزیدار صحبت سے لطف اٹھاتے ہیں۔ان ملاقاتوں میں ہم اردو ادب ہی سے متعلق باتیں نہیں کرتے بلکہ اکثر زندگی کے اتار چڑھاؤ پر روسی میں بھی گفتگو کرتے ہیں جو اردو ہی کی طرح میٹھی زبان ہے۔میری اہلیہ لیودا اور میں، میلا کو اپنا ایک عزیز ترین دوست سمجھتے ہیں اور جب بھی جدا ہوتے ہیں پھر ملنے کی امید اور دعاؤں کے ساتھ ایک دوسرے کو الوداع کہتے ہیں۔

تم میرے پاس ہوتے ہو گویا
جب کوئی دوسرا نہیں ہوتا

''قفس اُداس ہے''

انتظار حسین (لاہور)
انگریزی سے ترجمہ
انوار شریف (ہیگ، جرمنی)

حال ہی میں لاہور کے فیض گھر میں ایک خوبصورت شام سے لطف اندوز ہونے کا موقع ملا۔ حالیہ چند سالوں میں ''فیض گھر'' لاہور کے نمایاں ثقافتی مرکز کی حیثیت اختیار کر چکا ہے جس سے بے شمار خوبصورت یادیں وابستہ ہو چکی ہیں۔ مذکورہ شام کی اہمیت روس سے آنے والی شخصیت ڈاکٹر لدمیلا وسلیئیوا نے دو چند کر دی تھی۔ فیض صاحب کی صاحبزادیوں سلیمہ اور منیزہ نے ڈاکٹر لدمیلا کا گرمجوشی سے استقبال کرتے ہوئے فیض ایوارڈ پیش کیا۔ اس موقع پر جناب آئی۔ اے۔ رحمان، جناب افتخار عارف اور جناب اصغر ندیم سید نے ڈاکٹر لدمیلا کو اُن کی شاندار اردو خدمات پر خراج تحسین پیش کرتے ہوئے فیض صاحب کی سرگزشت کا ترجمہ بہ عنوان ''پرورشِ لوح و قلم'' اور ''فیض حیات اور تخلیق'' کے حوالے سے بھی سراہا۔

اس موقع پر اصغر ندیم سید نے کہا کہ اردو کے ترقی پسند افسانہ نگار چیخوف سے متاثر رہے ہیں۔ اگر آپ مجھے اجازت دیں تو میں یہ کہوں گا کہ اردو ادب کافی حد تک روسی ادب سے متاثر رہا ہے۔ بلاشبہ چیخوف بڑے ادیب اور اُستاد فنکار کا درجہ رکھتے تھے مگر ہم یہاں میکسم گورگی کو بھی فراموش نہیں کر سکتے۔ گورکی کی شخصیت اور فن نے تیسری دنیا بالخصوص برصغیر کے ترقی پسند ادیبوں کو بہت متاثر کیا ہے۔ فیض صاحب کے دھیمے، اُداس اور جذباتی احساسات نے بھی چیخوف کو اپنے قریب محسوس کیا ہے۔ ڈاکٹر لدمیلا نے فیض صاحب کے خطوط سے چند لائن کوٹ کی ہیں جو انھوں نے بیگم ایلیس فیض کے نام تحریر کیے تھے۔ ان لائنز میں فیض صاحب نے چیخوف کو خراج تحسین پیش کیا ہے اور یہ بتایا ہے کہ چیخوف نے کس طرح اپنی تخلیقات میں بڑی گہرائی کے ساتھ مختصر انداز میں محبت کے احساسات کی تفہیم کی ہے۔

اس موقع پر ڈاکٹر لدمیلا نے فیض صاحب اور غالب سے اپنے تعارف کی تفصیل بتاتے ہوئے کہا کہ جس وقت وہ غالب کے کلام کا روسی زبان میں ترجمہ کرنے میں مصروف تھیں تو انہیں بہت سی مشکلات کا سامنا تھا۔ اسی دوران فیض صاحب ماسکو آئے اور پروفیسر لدمیلا نے فیض صاحب سے اپنی مشکلات کا ذکر کیا تو فیض بخوشی میری مدد کو تیار ہو گئے اور اس طرح مجھے فیض صاحب کے قریب ہونے کا موقع ملا جس کے ردعمل میں، میں فیض صاحب کی سرگزشت کا ترجمہ کرنے میں کامیاب ہوئی اور میں اس کا تمام تر سہرا فیض کے سر باندھتی ہوں۔

بطور اردو سکالر ڈاکٹر لدمیلا نے بے شمار کتابیں تحریر کی ہیں جس میں سرِفہرست مولانا الطاف حسین حالی کے کلام کا روسی زبان میں سلسلہ وار ترجم ہے۔ مگر پروفیسر لدمیلا کی شناخت فیض صاحب کی سرگزشت کے مترجم کے طور پر بہت نمایاں ہے۔ فیض صاحب پر پروفیسر لدمیلا کے تحقیقی کام کے لیے ہم اُن کے مشکور ہیں اور فیض کو بطور انسان اور بطور شاعر بہتر طریق پر جان سکے ہیں۔ پروفیسر لدمیلا کے اس کام کی بدولت ہم نہ صرف فیض صاحب بلکہ اُن کے ابتدائی ایام اور اپنے والد کے ساتھ فیض کی قربت کے حوالے سے بھی ہمیں بہت کچھ جاننے میں مدد ملی ہے اور ساتھ ہی ماسکو میں گذرے فیض کے ایام کی تفصیل اس کتاب کو بہت اہم بنا رہے ہیں۔

ڈاکٹر لدمیلا نے اس کتاب میں انکشاف کیا ہے کہ فیض صاحب ''لینن پرائز'' کے حوالے سے برملا اور پس پردہ ہونے والی گفتگو اور تبصروں سے بخوبی واقف تھے۔ لوگوں کے اس عمل کے باعث فیض صاحب کو ماسکو کی زندگی کے منفی رُخ دیکھنے میں دشواری کا سامنا ہوا جو اکثر غیر ملکیوں کو ہوا کرتا ہے۔

اس کے باوجود فیض صاحب روس کے اندر آزادانہ طور پر گھوما پھرا کرتے تھے جب وہ تاجکستان گئے تو وہاں کے لوگوں سے اُن کی زبان میں بے تکلف گفتگو کیا کرتے تھے۔ اصل میں یہ فارسی زبان تھی جسے روسی حکومت کی پالیسی کے باعث تاجکی زبان کہا جاتا تھا۔

ڈاکٹر لدمیلا نے فیض صاحب کی شاعری کو اپنے زاویے سے جانچا اور پرکھا ہے اور جس انداز میں اُنھوں نے فیض صاحب کی شاعری پر رائے زنی کی ہے وہ پاکستانی ناقدین سے قدرے مختلف ہے۔ ہمارے دانشور اور ناقدین کی عادت ہے کہ وہ فیض صاحب کی نظموں کے معنی و مطالب پاکستان کے حالات کی روشنی میں نکالا کرتے ہیں مگر پروفیسر لدمیلا کا کہنا یہ ہے کہ فیض صاحب اپنی نظموں میں وہ سب کچھ بیان کرتے ہیں جو انھوں نے ماسکو، بیروت اور دنیا کے دیگر ممالک میں دیکھا اور سنا۔ پروفیسر صاحبہ کے خیال میں ماسکو سے واپسی کے بعد فیض کی نظموں میں احساسِ شکست، غم، غصہ اور جھنجھلاہٹ میں نمایاں کمی دکھائی دیتی ہے۔ اُن کے خیال میں فیض صاحب کی شاعری میں یہ تبدیلی ماسکو کے اثرات کے باعث پیدا ہوئی۔

بہت سے تجزیہ نگاروں کی رائے میں فیض اپنے دور سے آگے دیکھنے والے شاعر تھے جبکہ ڈاکٹر لدمیلا نے فیض صاحب کی چند نظموں کو غور سے پڑھنے کے بعد یہ نتیجہ اخذ کیا ہے کہ فیض صاحب اپنے آخری ایام میں مایوسی کا شکار دکھائی دیتے ہیں۔ بہر حال جو کچھ بھی ہے ڈاکٹر لدمیلا کی تحریر یہ ثابت کرتی ہے کہ فیض صاحب بطور انسان اور بطور شاعر بڑے آدمی تھے۔

فیض ۔۔ حیات و شاعری

خالد ادیب

انگریزی سے ترجمہ

ابو حماد (امریکہ)

اردو ادب کے شائقین کے لئے یہ مقام جشن و مسرت ہے کہ بیسویں صدی کے عظیم ترین شاعر فیض احمد فیض کی ایسی سوانح عمری شائع ہو گئی ہے جسکے وہ بجا طور پر مستحق تھے۔ یہ آپ بیتی روس کی مشہور ادیبہ اور دانشور ''لڈ میلا واسی لیوا'' نے تصنیف کی ہے۔ اس میں انہوں نے نہ صرف فیض کے فن بالکہ اُس دور کا بھی احاطہ کیا ہے جسے صحیح طور پر فیض کا دور کہا جاسکتا ہے۔ مزید یہ کہ نہ صرف یہ انکی آپ بیتی ہے بلکہ اس میں انہوں نہایت تفصیل اور عرق ریزی سے انکے ادبی محاسن پر بھی روشنی ڈالی ہے۔ پھر اسکی خوبی یہ ہے کہ یہ اردو اور روسی زبانوں میں شائع کی گئی ہے۔

اردو کی ادبی فضا اس سلسلے میں کسی بڑی روائت کی علمبردار نہیں کہ اس میں مشاہیر کی سوانح عمریاں انکے ادبی کارناموں کی روشنی میں تصنیف کی جائیں۔ اردو ادب کے معماروں کے روائتی ''تذکروں'' کی تو کوئی کمی نہیں مگر ہمارے قد آور ادیبوں کی ایسی سوانح عمریاں جس میں انکی تخلیقات کے پس منظر سے بحث کی جائے کمیاب ہیں۔ یہ بات خاص طور سے ان ادیبوں کے سلسلے میں اور صادق آتی ہے جو کسی سیاسی تنظیم یا نظریہ سے متاثر یا منسلک تھے۔ یہ بہت آسان ہے کہ اگر اقبال اور حالی کی تخلیقات کو ان کے دور کے پس منظر میں نہ دیکھا جائے تو اسے صرف ایک ادبی کاوش ہی قرار دیا جاسکتا ہے۔

فیض احمد فیض اس دنیا کا شہری تھا اور اس کے کام اور کلام کی جڑیں اسی دنیا میں جاری جدوجہد میں پیوستہ تھیں۔ اس کام کے لئے انہوں نے تمام دنیا کا سفر اختیار کیا اور اپنے مشن کی پیروی میں انہوں نے بھی بہت کچھ لکھا اور ان پر بھی بہت کچھ لکھا گیا۔ اس کے باوجود اب تک ایک بھی ایسی تصنیف نہیں تھی جس میں انکے کلام کا ایک مسلسل ترتیب اور تواتر کے حساب سے احاطہ کیا گیا ہو یا اس پس منظر کو ابھارا گیا ہو جس نے انکی شاعری کو جنم دیا۔ جب یہ دیکھا جاتا ہے کہ اب تک انکی شاعری ہی کو مکمل طور پر یکجا نہیں کیا جاسکا ہے تو انکی سوانح عمری پر کسی کتاب کی کمیابی پر کوئی تعجب نہیں ہونا چاہئے۔ انکی کل شاعری تک ہماری پہنچ صرف ''نسخہ ہائے وفا'' کی وجہ سے ہے جو ۱۹۸۴ میں شائع ہوئی اور جس میں انکی شاعری کے وہ سات مجموعے شامل کئے گئے ہیں جو انکی زندگی میں شائع ہوئے تھے۔ اگرچہ اس کتاب کے آخر میں ایک ضمیمہ موجود ہے جس میں ''میرے دل، میرے مسافر'' کے شائع ہونے کے بعد لکھے گئے کچھ اشعار شامل ہیں مگر اس میں بھی وہ اشعار شامل نہیں جو کسی وجہ سے انکے گذشتہ شائع شدہ سات مجموعات میں شامل نہ تھے۔ اگرچہ یہ اشعار انکی شاعری کے اولیں دور کے ہیں اور ہوسکتا ہے یہ بڑی حد تک انکی شاعری کے ناپختہ دور کی عکاسی کریں مگر پھر بھی ادب کے طالب علموں کے لئے انکا مطالعہ ضروری ہے تاکہ اس سے فیض کے ادبی سفر اور عروج کا اندازہ لگایا جاسکے۔ اس کے علاوہ اس کتاب سے ''ہم دیکھیں گے'' بھی غائب ہے جو نہ صرف ایک منظوم احتجاج کی علامت ہے بالکہ اسے فیض کی مشہور اور بہت ہی پرزور نظم کہا جاسکتا ہے۔

فیض کی شاعری کے علاوہ انکی نثر نگاری پر تو مواد اس سے بھی کم ہے۔ ''پاکستان ٹائمنر'' میں لکھے گئے ان کے اداریئے، افریقی ایشیائی مصنفین کے مجلّے ''لوٹس'' میں انکی تخلیقات اور ایسے بہت سے انٹرویو جو انہوں نے دنیا کے مختلف شہروں میں دئے تھے، سب بکھرے ہوئے ہیں اور انکو یکجا کرنے کی بہت کم کوششیں کی گئی ہیں۔ یہ سب ان محققین کو آسانی سے دستیاب نہیں ہیں جو فیض پر تحقیق کرنا چاہتے ہیں۔

اس پر کسی کو حیرت نہیں ہونی چاہئے کہ کہ فیض پر سنجیدگی سے لکھی گئی پہلی سوانح عمری روس سے شائع ہوئی ہے۔ فیض نے سوئیٹ یونین میں کافی عرصہ گذارا اور انکی اس ملک میں بڑی پذیرائی اور عزت افزائی کی گئی۔ روس کو یہ اعزاز حاصل ہے کہ وہاں اعلی معیار کے تعلیمی ادارے قائم ہیں جو تحقیق و تراجم کی قابل فخر روایت رکھتے ہیں۔ خوش قسمتی یہ ہے کہ سوئیٹ یونین کے ٹوٹنے کے باجود یہ ادارے اور انکا تحقیقی سرمایہ اب بھی قائم اور محفوظ ہے۔ اس پر یہ بھی ہے کہ روس کے کلچر میں شاعری کو ایسا ہی مرکزی اور پسندیدہ مقام حاصل ہے جیسا ارود میں۔ وہاں معاشرے میں کسی فرد کے تعلیم یافتہ اور مہذب ہونے کی یہ نشانی سمجھی جاتی ہے کہ وہ دوران گفتگو شاعری کا حوالہ دے سکے۔ ''پشکن'' تو سب ہی مقررین کا پسندیدہ ہے مگر دوسرے شاعروں کے کلام کو بھی بیان کیا جاتا ہے۔ شاعری کی کتابیں مقبول ہوکر خوب بکتی ہیں اور شاعری کی ادبی محفلیں منعقد ہوتی ہیں۔

واسی لیوا روس میں اردو تعلیم کی طویل اور قدیم روائت کی نمائندہ ہیں۔ کئی وجوہات کی بنا پر جن میں سیاسی اور لسانی وجوہات بھی شامل ہیں پاکستان میں زیادہ تر لوگ اس حقیقت سے آگاہ نہیں کہ روس میں اردو کی تعلیمات انیسویں صدی ہی میں شروع ہو گئی تھیں۔ اس کی بنیادی وجہ روس کی اس علاقے میں برطانیہ سے سیای مخاصمت تھی۔ ''ہندوستانی'' کا پہلا کورس ان روسی فوجی افسران کے لئے شروع کیا گیا تھا جو تاشقند میں تعینات تھے۔ چونکہ اس وقت روس میں کوئی ایسا نہیں تھا جو یہ کام سرانجام دے سکے اس لئے وہاں سے دو روسی افسروں کو ہندوستان بھیجا گیا۔ اس مقصد کے لئے ''وائیکورنٹسکی'' نے ایک سال ہندوستان میں گذارا اور واپسی پر ''ہندوستانی گرامر'' اور ''ہندوستانی سیکھنے کا مینول'' تالیف کیا۔

''ایا جیلو'' نے دو سال پیرس میں مشرقی علوم کی درسگاہ میں گذارے اور دو کتابیں ''اردو روسی لغت'' اور ''پریکٹیکل گرامر اردو'' لکھیں۔ مگر بدقسمتی سے یہ

کوششیں روسی انقلاب کے بعد معدوم ہوگئیں اور ۱۹۴۰ تک اردو گمنام رہی جب کہ لینن گراڈ اور ماسکو میں ایک بار پھر اردو کی تعلیم شروع کی گئی۔اس کی بڑی وجہ یہ تھی کہ سوویٹ یونین کی حکومت بے شمار زبانوں میں تمام دنیا کے لئے اپنا پیغام نشر کرنا چاہتی تھی۔ سے ۱۹۴۷ میں اردو تاشقند کے ''البیرونی انسٹیٹیوٹ برائے مشرقی علوم'' میں بھی پڑھائی جانے لگی۔تاشقند کا ادبی ماحول ویسے بھی اردو کے قریب تھا(شاید اس لئے کے تاشقند کی ادبی زبان فارسی تھی جو سوویٹ یونین کے بعد بھی بڑی حد تک رائج تھی۔۔۔مترجم)اگلی کئی دہائیوں میں روس میں کئی اردو مصنفین اور دانشور پیدا ہوئے جنہوں کے بہت قابل قدر ادب تخلیق کیا بلکہ اردو کی چیدہ چیدہ تخلیقات کے ترجمے بھی کیئے۔اس کی وجہ سے لڈمیلا واسی لیوا کے قارئین کو اردو کے ایسے مشاہیر جیسے غالب، حالی، اقبال اور فیض کے کلام اور کام سے واقفیت حاصل ہوئی۔

واسی لیوا اس وقت ماسکو کے مشرقی علوم کے ادارے میں سینئر محقق کے عہدے پر فائز ہیں اور روس میں اردو کی اول ترین ماہر، دانشور، محقق اور مصنف ہیں۔انہوں نے ماسکو کی اسٹیٹ یونیورسٹی میں اردو کی تدریس کی ہے اور وہ ماسکو ریڈیو سے ۱۹۶۵ سے ۱۹۸۴ تک اردو کے براڈ کاسٹر رہی ہیں۔انہوں نے مولانا حالی پر ایک کتاب لکھی اور اسکے علاوہ اقبال اور فیض پر بیش قیمت کام کیا ہے۔انہوں نے غالب اور دوسرے شعرا کے کلام کا روسی ترجمہ کیا ہے۔نثر میں انہوں نے قرۃ العین حیدر، ابوالکلام آزاد، جوگندر پال اور پریم چند بھی ترجمہ کیا ہے ایک اہم بات یہ ہے کہ وہ ۱۹۶۷ سے ۱۹۸۴ تک، یعنی سترہ سال وہ فیض کی روس میں مترجم رہیں جب فیض روس کے دورے پر ہوتے تھے۔اس قربت کی وجہ سے اس کتاب میں لڈملا نے نہ صرف فیض کی شاعری پر اپنے خیالات کا اظہار کیا ہے بلکہ اس کتاب میں فیض اور انکے کنبے سے اپنی ذاتی دوستی اور طویل رفاقت کی جھلک بھی دکھائی ہے۔

یہ کتاب ۲۰۰۰ میں مکمل ہوئی اور اسی سال سکا روسی ایڈیشن بھی شائع ہوا۔روسی ایڈیشن اسامہ فاروقی جو روسی زبان کے مشہور عالم مترجم ہیں کی نظر سے گذرا اور انہوں نے فوراً اسکا باب در باب ترجمہ کر کے قسط وار حیدر آباد(دکن)کے موقر جریدے ''سب رنگ'' میں شائع کیا۔ابھی انہوں اسکے چودہ میں سے صرف نو(۹)ابواب ہی کا ترجمہ کیا تھا کہ انکا انتقال ہوگیا۔اس کے بعد اسکے بقایا ابواب، جو ایک سو تیرہ صفحات پر مشتمل ہیں، کا ترجمہ خود لڈمیلا والی سیوا نے کیا اور اسے کراچی سے طبع کرا کے شائع کیا۔مصنفہ کے ترجمے میں، اردو قارئین کے مزاج اور اصلی کتاب کی اشاعت کے بعد پانچ سال گذرنے کی وجہ سے کچھ تبدیلیاں کی گئی ہیں۔ان تبدیلیوں نے کتاب کو مزید تقویت دی ہے کہ اب اس کے مشمولات تازہ اور فی الوقت ہو گئے ہیں۔افسوس کہ روسی ایڈیشن میں جو تصاویر شامل ہیں وہ اردو ایڈیشن میں موجود نہیں ہیں۔

اس میں فیض کی زندگی کے متعلق جو کچھ درج ہے وہ اس سے مختلف نہیں جو ہم پہلے ہی جانتے ہیں۔فیض نے خود ہی کئی مقامات پر اپنی زندگی کے بارے میں کھل کر بات کی ہے اور انکی حیات کے متعلق والی سیوا کا بیان فیض کے اپنے ہی بیانیہ سے اخذ کیا گیا ہے۔والی سیوا کی تحریر اس وجہ سے قابل ذکر نہیں کہ اس میں کچھ نئی دریافتیں کی گئی ہیں بالکہ اس لئے قابل توجہ ہے کہ انہوں نے ایک تسلسل کے طور پر فیض کی زندگی کے مختلف ادوار کا احاطہ کیا ہے۔لڈمیلا نے فیض کی اپنی یادوں اور ان روایات سے جو ان کے ساتھیوں نے بیان کی تھیں انکی زندگی کی تصویر کشی کی ہے۔خاس طور سے لڈمیلا نے انکی شریک حیات اور دوست ایلس کے تذکروں اور ان خطوط سے جن کا تبادلہ فیض اور ایلس کے درمیان فیض کی اسیری کے دوران ہوا تھا زبردست فائدہ اٹھایا ہے اور اس سے ایک بیحد اثر انگیز تاثر قائم کیا ہے۔

دراصل جس چیز کی وجہ سے لڈمیلا کی سوانح نگاری نے فیض کو زندہ جاوید کر دیا ہے وہ یہ ہے کہ انہیں ایک طویل عرصے تک فیض اور انکے گھرانے کی قربت اور دوستی نصیب رہی لیکن اس کے ساتھ ہی کتاب کی یہ خوبی ہے کہ اس قربت یا دوستی کی وجہ سے انکا مشاہدہ یا فیض کے کام یا کلام کی پر انکی تنقیدی پرکھ متاثر نہیں ہوئی ہے۔اس میں کوئی شبہ نہیں کہ اگر چہ فیض اس کتاب کے ''ہیرو'' ہیں مگر یہ کتاب صرف ایک اندھی تعریف ہی نہیں بالکہ ایک صحیح الذہن اور غیر جانبداری کے ساتھ انکی تخلیقات کا تجزیہ ہے۔یہ شاعر کے کلام کا اس کے دور کے تناظر میں ایک معروضی تذکرہ ہے۔

فیض کی زندگی۔۔۔کیسی مثالی زندگی!!فیض کے والد سلطان محمد خان ایک خود ساختہ انسان تھے۔وہ سیالکوٹ کے قریب کالا قادر گاؤں میں ایک غریب کسان کے یہاں پیدا ہوئے تھے۔انہوں نے اپنے ذاتی شوق سے وہاں پرائمری اسکول میں داخلہ لیا اور اسکے بعد ایک اچھے مستقبل اور ترقی کی جستجو میں لاہور کی راہ لی۔اتفاق ہی تھا کہ وہاں ایک مسجد میں انکی ملاقات ایک افغان امیر سے ہوگئی جو انہیں کابل لے گیا۔انکو کابل کے فرماں روا امیر عبدالرحمٰن کے دربار میں ملازمت مل گئی۔ یہاں اگر چہ انہیں عزت و دولت میسر تھی مگر محلاتی سازشوں نے انہیں بھیس بدل کر انگلینڈ فرار ہونے پر مجبور کر دیا۔ جب وہ انگلینڈ میں کیمبرج یونیورسٹی میں تعلیم حاصل کر رہے تھے انہیں ایک دفعہ پھر افغانستان کی سفارت خانے میں ملازمت مل گئی۔سلطان محمد خان نے قانون کی ڈگری لی اور بیرسٹر بن کر واپس ہندوستان آئے اور سیالکوٹ میں رہائش اختیار کی۔اگر سلطان محمد کی یہ ترقی معجزانہ نظر آتی ہے تو اس میں کوئی شبہ نہیں کیونکہ اس میں وہ تمام عناصر شامل ہیں جو اسلام کی روایات کے تحت غیب کی مدد اور اللہ تعالی کی نوازش سے ممکن ہوتے ہیں۔بیرسٹر سلطان محمد کی زندگی کی یہ بھی حقیقت ہے کہ افغانستان سے واپسی پر وہ اپنے ساتھ کئی بیویاں اور انکے رشتہ دار بھی لائے تھے جو سب فارسی بولتے تھے اگر چہ مقامی طور پر اسے ''دڑی'' کہا جاتا ہے۔حاصل مطلب یہ ہے کہ فیض ایک ایسے گھرانے میں پلے بڑھے جہاں فارسی بولی جاتی تھی۔یہی وجہ ہے کہ فیض کے اردو کلام میں اعلےٰ سطح کی فارسی کی آمیزش ہے اور اس سے انکو ایک منفرد حیثیت حاصل ہوگئی ہے۔

فیض نے پہلے پہل ایک مدرسہ میں تعلیم کا آغاز کیا مگر بعد میں وہ اسکاچ مشن اسکول میں داخل ہوئے جہاں ذریعہ تعلیم انگریزی تھا۔اس دور میں ہندوستان میں یہ رواج تھا کہ اس قسم کی تعلیم جہاں دینی پس منظر کے ساتھ انگریزی تعلیم شامل ہوان جیسے متمول اوراشرافیہ کے بچوں کے لئے ضروری تھی۔اس کے بعد وہ لاہور چلے گئے جہاں پہلے گورنمنٹ کالج اوراسکے بعد اورینٹل کالج سے انگریزی ادب اور عربی میں ماسٹرس کیا۔وہ اپنے ہائی اسکول ہی کے زمانے سے انگریزی ناولوں کے رسیہ ہوگئے تھا اور اسکی وجہ سے کبھی کبھی انکو اپنے ہائی اسکول کے استاد کا غیض وغضب کا نشانہ بننا پڑتا تھا کہ وہ اسکی انگریزی کی غلطیاں نکالا کرتے تھے۔گورنمنٹ کالج میں انکا واسطہ یورپین ادب سے پڑا جسکا انگریزی ترجمہ انہوں نے بہت ڈوب کر پڑھا۔لاہور میں سخت سیاسی فضا تھی ہر طرف سیاسی حالات کا ذکر تھا بقول انکے کمروں میں غیر قانونی کتابچے اور دوسرا لٹریچر بکھرا ہوتا تھا مگر اس وقت فیض کو صرف شاعری سے دلچسپی تھی بلکہ انہیں شاعری سے دیوانگی کی حد تک رغبت تھی۔یہ تو بعد میں ۱۹۳۵ میں جب وہ امرتسر میں ایم اے او (MAO) کالج میں انگریزی کے استاد تھے کہ انہیں سیاست سے دلچسپی پیدا ہوئی اور سیاست کو انکی زندگی میں اولیت حاصل ہوئی۔محمود الظفر اور انکی اہلیہ رشید جہاں، جو انگلینڈ سے واپس آئے تھے اور اشترا کی نظریہ کے حامل تھے۔کی دوستی اور صحبت نے فیض پر زبردست اثر کیا۔فیض کے اپنے الفاظ میں ''کمیونسٹ مینی فیسٹو'' کے مطالعہ نے جس پر اگر چہ ہندوستان میں پابندی تھی مگر انکے دوستوں نے انہیں مہیا کیا تھا، نے انکی زندگی بدل دی۔یہ لمحہ انکے ذہنی سفر میں ایک سنگ میل تھا۔اُس وقت کے بعد انہوں نے ایک سیاسی اور عوامی زندگی شروع کی جس میں عام آدمی کی مشکلات اور اسکے دکھوں کی ترجمانی انکا مقصد حیات بن گیا جو انکی زندگی کے خاتمے تک جاری رہا۔انہوں نے انجمن ترقی پسند مصنفین کے قیام میں اہم ترین کردار ادا کیا (اور اس سے کون انکار کر سکتا ہے کہ اس انجمن کے اردو قلمکاروں نے کیسا تاریخ ساز رول ادا کیا) فیض بہت جلد اس انجمن کی اہم ترین آواز بن گئے۔

ترقی پسندی کی تحریک کے زیراثر اردو شاعری میں ''غم دوست'' سے ''غم دنیا'' کی جانب تبدیلی، فیض کے پہلے مجموعہ ''نقش فریادی'' میں منعکس ہے جو اگر چہ ۱۹۴۱ میں شائع ہوا مگر اسکی نظمیں اور غزلیں گزشتہ دہائی میں لکھی گئی تھیں۔اس میں فیض نے اردو شاعری کے روایتی اسلوب سے منحرف ہوئے بغیر موجودہ ترقی پسند موضوعات کو اپنی شاعری کا مرکز بنایا ہے۔فیض احمد فیض کے دوست اور اردو ادب میں ترقی پسند تحریک کے بانی سجاد ظہیر کے الفاظ آج شاید مبالغہ لگیں مگر اپنی جگہ پر صحیح ہیں۔انہوں نے لکھا ہے کہ ''شاعر نے زندگی میں جن قدروں کی نمائندگی کی ہے وہ آج تمام عالم انسانیت کی قدریں ہیں۔مگر فیض نے اپنے انداز بیان میں اس خوبی سے نبھایا ہے کہ نہ تو وہ ہمارے ادب کی روایتی انداز سے جدا لگتی ہیں نہ ہی شاعر کی اپنی انفرادیت سے۔اسکا دھیما اور نرم لہجہ ایک میٹھی نغمگی لئے ہے''

اس کے باوجود فیض کی طبیعت انجمن سازی سے میل نہ کھاتی تھی اور انکے تعلقات انجمن ترقی پسند مصنفین سے آزادی ہند کے بعد زوال پذیر ہوتے گئے۔اسی طرح وہ کبھی کمیونسٹ پارٹی کے باقاعدہ ممبر نہ رہے لیکن جب دوسری جنگ عظیم میں حالات نے سویٹ یونین کو بھی اس میں گھسیٹ لیا تو فیض نے انڈین آرمی میں شرکت اختیار کرلی تا کہ وہ نازی اور فاشی حکومتوں کے خلاف اپنا فرض پورا کرسکیں۔انکی ذمہ داری تھی کہ وہ ہندوستانی فوجیوں کے حوصلوں کو بلند کرنے میں مدد کریں۔یہ فرض انہوں نے اس قدر اچھی طرح نبھایا کہ انہیں برطانوی حکومت کی جانب سے ''ممبر آف برٹش ایمپائر'' کا اعزاز عطا ہوا۔جنگ کے خاتمے پر انہوں نے فوج سے سبک دوشی حاصل کرلی اور ایک بار پھر لاہور میں رہائش اختیار کرلی۔یہاں وہ ایک نئے، باوقار اور بائیں بازو کی پالیسی رکھنے والے اخبار'' پاکستان ٹائمز'' کے ایڈیٹر مقرر ہوئے۔یہی زمانہ تھا جب ملک تقسیم ہوا اور پاکستان وجود میں آیا۔لاہور میں فیض کی مصروفیات کئی جہتوں میں تھیں وہ صحافت، ٹریڈ یونین اور بین الاقوامی امن کی تحریکوں میں سرگرم رہے۔مگر اس نئی مملکت میں حالات ان نظریات کے موافق نہ تھے کیونکہ حکومت وقت کا جھکاؤ واضح طور پر دائیں طرف تھا اور وہ امریکی پالیسیوں کی حمائتی بن گئی تھی۔

۱۹۵۱ میں فیض نے فوج کے کچھ اعلی افسران سے جو انکے اپنے فوج کے زمانے سے دوست تھے، ملاقات کی۔یہ بھی حالات سے دلبرداشتہ تھے اور چاہتے تھے کہ ملک میں تبدیلی لائی جائے۔فیض نے سجاد ظہیر کو بھی جو اس وقت پاکستان کمیونسٹ پارٹی کے جنرل سکریٹری تھے اس ملاقات میں راولپنڈی مدعو کیا۔اگر چہ ان لوگوں نے یہ فیصلہ کیا کہ اس وقت ایسی کسی کوشش کے لیے حالات سازگار نہیں مگر کسی طرح حکومت کو اس ''سازش'' کا پتہ لگ گیا اور ان تمام لوگوں کو گرفتار کرلیا گیا۔اب پچاس سال گذرنے کے بعد جب اس واقعہ پر نظر ڈالی جاتی ہے تو یقیناً یہ بات حیران کن لگتی ہے کہ ایک شہری حکومت نے فوج کے اعلی افسران پر ہاتھ ڈالا تھا اور انہیں بائیں بازو کا انقلاب لانے کے الزام میں گرفتار کیا تھا۔بہرحال ایسا ہوا۔فیض بھی گرفتار کرلئے گئے اور کچھ عرصے ان کے سر پر سزائے موت منڈلانے لگی۔بالآخر انہیں چار سال سزائے قید ہوئی جس میں وہ وقفہ شامل تھا جو مقدمے کی کارروائی میں صرف ہوا تھا۔اس سزا کے دوران فیض ایک بار پھر اپنی شاعری کی طرف متوجہ ہوئے اس لئے کہ سن چالیس کی دہائی میں اسے پس پشت ڈال دیا گیا تھا انکا دوسرا مجموعہ ''دست صبا'' اور تیسرا مجموعہ ''زنداں نامہ'' میں شامل انکی زیادہ تر تخلیقات قید کے زمانے میں لکھی گئیں۔

جب فیض رہا ہوئے تو سرد جنگ اپنے عروج پر تھی اور پاکستان مکمل طور پر امریکا کا اتحادی بن چکا تھا۔بائیں بازو کے اخبارات اور ٹریڈ یونین کو نشانہ بنایا جارہا تھا اور ان حالات میں پاکستان میں فیض کے کرنے کو کچھ نہیں رہا تھا۔مگر اب تک فیض ایک بین الاقوامی شہرت حاصل کر چکا تھا اور اگر چہ پاکستان

میں نہیں مگر بین الاقامی سطح پر اسکے کرنے کو بہت کچھ تھا۔

انہوں نے ۱۹۵۶ میں دہلی میں ایشیائی قلمکاروں کی کانفرنس میں شرکت کی اور پھر تاشقند میں ۱۹۵۸ میں ہونے والی افروایشیائی ادیبوں کی کانفرنس میں شرکت کرنے والے صرف دو پاکستانی نمائندگان میں سے ایک وہ تھے۔ابھی جب کہ تاشقند میں یہ کانفرنس چل رہی تھی پاکستانی فوج نے پہلی بار حکومت کا تختہ الٹ دیا اور پورے ملک میں مارشل لاء لگادیا۔ان نئے حکمرانوں اوران فوجیوں میں جنہوں نے ساتھ سال پہلے راولپنڈی میں انقلاب کی کوشش کی تھی کوئی مماثلت یا تعلق نہ تھا۔فیض کو واپس آتے ہی پھر گرفتار کرلیا گیا مگر اس دفعہ یہ گرفتاری بہت مختصر وقفے کے لئے تھی۔رہا ہونے پر انہیں معلوم ہوا کہ صحافت اور ٹریڈ یونین کے میدان ان پر بند کردئے گئے ہیں۔بین الاقوامی امن کمیٹی میں انکی شمولیت اب بھی جاری تھی اور دوسری طرف انکی ادبی شہرت اور پہچان میں تیزی سے اضافہ ہورہا تھا۔انکے کلام کا دنیا کی کئی زبانوں میں ترجمہ ہورہا تھا اور ۱۹۶۲ میں سوئیٹ یونین نے انہیں ''لینن ایوارڈ'' عطا کیا جو اس ملک کا سب سے بڑا شہری ایوارڈ ہے جو کسی غیر ملکی شہری کو دیا جاسکتا ہے۔جب انہیں اس اعزاز کی وصولی کے لئے ملک چھوڑنے کی اجازت ملی تو پھر پاکستان نہیں لوٹے اورانہوں نے دوسال برطانیہ میں رہائش اختیار کی۔یہ خودساختہ جلاوطنی ۱۹۶۴ میں انکی وطن واپسی پر ختم ہوئی۔اس کے بعد وہ آٹھ سال پاکستان آرٹس کانسل میں آرٹس کی تعلیم اور انتظام میں مشغول رہے۔اس وقت وہ بیحد ہردلعزیز ہوچکے تھے انکی غزلیں گائی جارہی تھیں اور کئی فلموں میں بھی انکی شاعری کو استعمال کیا گیا۔

ذوالفقار علی بھٹو کے پاکستان کے آسمان سیاست پر جلوہ گر ہونے بعد حالات میں تبدیلی آئی۔اب حکومت کی پالیسیاں ایسی تھی جن سے فیض متفق تھے۔بھٹو نے انہیں وزارت تعلیم کے ثقافتی شعبہ میں مشیر کے عہدے پر تعینات کردیا۔انہوں نے اگلے چار سال اسلام آباد میں اس اس عہدے پر کام کیا اور ''لوک ورثہ'' کے قیام میں کلیدی کردار ادا کیا۔اسی کے ساتھ انہوں نے کلاسیکل موسیقی میں تحقیقی شعبہ بھی قائم کیا۔لیکن یہ اچھے دن زیادہ عرصے نہیں رہے۔نہ صرف ۱۹۷۷ کے فوجی انقلاب کے بعد انہیں یہ عہدہ چھوڑنا پڑا بلکہ اس کے ساتھ ملک بھی چھوڑنا پڑگیا۔وہ ۱۹۷۸ سے ۱۹۸۲ کے سال انہوں نے خودساختہ جلاوطنی میں گذارے مگر پھر انکے افروایشیائی رابطے کام آئے اورانہیں اسکے مجلے ''لوٹس'' کی ادارت، جو اب قاہرہ سے بیروت منتقل ہوگیا تھا تفویض ہوئی۔اسطرح فیض نے تین سال بیروت میں گذارے جب بیروت شدید بےچینی اور بدامنی کے دور سے گذر رہا تھا۔

اس مختصر قیام کے دوران فیض فلسطینی جدوجہد اور تحریک سے گہری طور پر متاثر اور منسلک ہوگئے جس کے نتیجے میں انکے یاسر عرفات سے گہرے مراسم ہوگئے۔انکا آخری مجموعہ ''میرے دل، میرے مسافر'' یاسر عرفات ہی سے منسوب ہے۔وہ ۱۹۸۲ میں، جب اسرائیل نے بیروت کا محاصرہ کیا ہوا تھا شہر سے نکل نے میں کامیاب ہوگئے۔اس دور میں انہوں نے دنیا کے بہت سے ممالک کے دورے کیئے جن میں دور دراز کے علاقے جیسے منگولیا، ویٹنام، انگولا شامل ہیں۔اس کے علاوہ انہوں نے ہندوستان، برطانیہ، کینیڈا اور امریکا کے دورے بھی کیئے۔انہوں نے اس بات کا اعتراف کیا کہ انکی جلاوطنی کے کوئی باضابطہ احکامات نہیں اوراسلیئے وہ ۱۹۸۳ میں واپس لاہور آگئے۔انکی صحت جو کچھ عرصے سے زوال پذیر تھی اس خودساختہ جلاوطنی سے مزید خراب ہوگئی اور آخر کار وہ ۱۹ نومبر ۱۹۸۴ کو لاہور کے میو ہسپتال میں قلب کے شدید حملے سے انتقال کرگئے۔

لڈمیلا واسلیوا نے یہ کہانی بہت محبت اور اور لگاؤ سے بیان کی ہے۔اس نے ان کی زندگی کے مختلف ادوار کو ان کے زمانے کے سیاسی حالات اور اس سے ان کی وابستگی کے پس منظر میں بہت موثر انداز سے بیان کیا ہے۔اس نے انکے ذہنی جھکاؤ جو نوآبادیاتی نظام کی مخالفت، مارکسزم کی کشش، ترقی پسند مصنفین کی تحریک، پاکستان میں بائیں بازو کی جدوجہد پر مشتمل تھا، کو سرد جنگ کے تناظر میں انتہائی اثرانگیز طور پر بیان کیا ہے۔

وہ انکی زندگی اور انکی شاعری کے تانے بانے کامیابی سے ایک دوسرے سے ملاتی ہیں۔اس کتاب کا بنیادی مقصد روسی قارئین کو فیض کی شاعری اور انکے حالات زندگی سے آگاہ کرنا ہے۔اس سلسلے میں اس نے اردو شاعری، اسکی سماجی روایات خاص طور سے مشاعروں کی روائت کو روسی عوام سے متعارف کروایا ہے۔اس نے کھل کر اردو شاعری کے اقتباسات پیش کئے ہیں۔کچھ ایسے جو پہلے ہی ترجمے ہوچکے تھے اور کچھ کے ترجمے خاص طور سے اس کتاب کے لئے گئے ہیں۔اس نے کچھ خاص نظمیں ایسی چنی ہیں جنکے نہ صرف اس نے حرف بحرف ترجمے کئے ہیں بالکہ ان اشعار کے تجزیہ بھی کئے ہیں۔یہ نہ صرف روسی بلکہ اردو قارئین کے لئے بھی فائدہ مند ہونگے۔

جو چیز فیض احمد فیض کو ایک انتہائی اول درجے کا دانشور قرار دیتی ہے وہ یہ ہے کہ وہ ناقابل یقین مجموعہ اضداد تھے۔ایک اردو شاعر جو پنجاب کے ایک فارسی بولنے والے گھرانے میں پیدا ہوا تھا، جس نے اسلامی تعلیمات کے ساتھ کرسچن مشن اسکولوں میں تعلیم پائی، جو اعلی درجہ کی فارسی ملی اردو شاعری تخلیق کرتا تھا، عربی کا درس دیتا تھا، نہایت شستہ اور پرزور انگریزی لکھتا تھا، وہ شہنشاہیت کے خلاف تھا مگر سلطنت برطانیہ کا شہری تھا ایک سخت حب الوطن مگر جسکی بیوی انگریز تھی، ایک ایسا مصنف جو نوآبادیاتی نظام کے خلاف اعلی معیار کا ادب تخلیق کرسکتا تھا، جسکی دوستیاں اور کام کئی براعظموں پر محیط تھیں جس نے سرحدوں کی تفریق مٹادی۔۔یہ تھا فیض احمد فیض۔

ایک مشہور امریکی عرب دانشور اور مصنف ایڈورڈ سعید نے سرسری طور ہر فیض کا اپنی کتاب ''کلچر اور شہنشاہیت'' میں ذکر کیا ہے۔نوآبادیاتی نظام کے خاتمے کے بعد تخلیق کئے گئے ادب میں بار بار فیض کا نام لیا گیا ہے مگر افسوس اس دور کے ناقدین نے سنجیدگی سے انکا جائزہ نہیں لیا۔

خودکو"بین الاقوامی" کہتے تھے۔یعنی انکی سوچ وفکر عالمی تھی اور وہ تمام عالم کے مجلے اور کچلے ہوئے لوگوں کے درد کو یکساں طور پر محسوس کرتے تھے۔آج کے دور میں"بین الاقوامیت" کی اصطلاح شاید ہی سنی جائے اسکی جگہ اب"گلوبلائزیشن" نے لے لی ہے حالانکہ گلوبلائزیشن کا مطلب بین الاقوامیت سے بالکل مختلف ہے۔

"اگرچہ ایک مصنف یا فنکار ہونے کی حیثیت سے میں نہ تو کسی مملکت کے نظام کو چلا رہا ہوں نہ ہی میرے ہاتھوں میں کوئی اختیار ہے مگر مجھے اس بات کا حق ہے کہ میں اپنی برادری کا تحفظ کروں اور میری برادری تمام عالمِ انسانیت ہے۔اور اس تناظر میں میرے لئے امن، باہمی تحمل اور جوہری خطرات جیسے مسائل اہم ہیں۔اس کے علاوہ عام انسانیت کی اس عظیم برادری میں مجھے سب سے پیارے (انکے دکھ) ہیں جن کو بے عزت کیا گیا ہے، کچلا گیا ہے، جو بے گھر اور لاوارث ہیں جو غریب اور کم مایہ ہیں اور جن کے دل ٹوٹے ہوئے ہیں۔اور اسی وجہ سے فلسطین جنوبی افریقہ، نمیبیا اور چلی کے عوام میرے دل کے ایسے ہی قریب ہیں جیسے میرے اپنے ملک کے عوام۔"

اس قسم کے خیالات اور عزم کی پختگی نے سرد جنگ جیسی شدید نظریاتی ٹکراؤ کی فضا میں"بعد نوآبادیاتی دور ک" کے دانشوروں میں ہلچل مچادی۔دراصل دوسوپر پاورز کے درمیان کلچر کی تفریق ایک بڑی خلیج اور کشمکش کی وجہ بن گئی۔امریکیوں نے تیسری دنیا کے لوگوں کے دل جیتنے کے لئے"جاز" کے موسیقار بھیجے مگر اسکے ساتھ ساتھ انہوں نے گھٹیا حربے بھی استعمال کئے جس میں تیسری دنیا کے مصنفین اور صحافیوں کو بڑی بڑی رقمیں پیش کیں اور حکومت کے خرچے پر امریکا کی سیاحت کی دعوتیں دیں تاکہ وہ امریکی طرز زندگی کی حمایت اور سوئیت یونین کے مخالفت میں اثر انگیز مضامین اور خطوط لکھیں۔اس قسم کی احمقانہ حرکتوں نے اردو ادب میں ایک قابل ذکر مثال چھوڑی جب لاہور میں واقع امریکی ایجنسی برائے اطلاعات ومعلومات نے سعادت حسن منٹو کو امریکا کی حمایت میں مضامین لکھنے کے لئے ایک بڑے مشاہرے پر تیار کیا۔منٹو نے ان مضامین کو ایک مذاحیہ رنگ دے دیا اور یہ"انکل سام کے نام خطوط" کی شکل میں ظاہر ہوئے جنھیں پڑھ کر ہنسی آتی تھی۔سوئیت یونین کے پاس ڈالروں کی تھیلی تو نہ تھی مگر وہ قلمکاروں کے صحیح جذبات سے فائدہ اٹھاتے تھے جس کے نتیجہ پرزور جذباتی مضامین ہوتے تھے۔سوئیت یونین خود کو نئے آزاد شدہ ممالک کا مضبوط سہارا اور حمائتی قرار دیتا تھا۔وہ تیسری دنیا کے ممالک کو ترقی کے لئے سرمایہ دارنظام کے مقابلے میں ایک نعم البدل یعنی جاگیرداری کے بدلے اشتراکی نظام کی پیش کش کرتا تھا۔تاشقند اس قسم کی ترقی، جو اشتراکی نظام سے حاصل ہوئی تھی، ایک زندہ اور قابل تقلید مثال کے طور پر پیش کیا جاتا تھا۔سوئیت یونین نے تیسری دنیا کے سینکڑوں طلبہ کو اپنے ملک بلایا تھا اور یہ کوئی حیرت کی بات نہ تھی افروایشیائی قلمکاروں کی پہلی کانفرنس روس میں ہوئی۔فیض پہلے پہل اسی کانفرنس میں شرکت کے لئے ۱۹۵۸ میں سوئیت یونین گئے تھے۔اسکا یقین بھی نہیں تھا کہ انہیں اس میں شرکت کے لئے جانے بھی دیا جائیگا مگر آخیر میں حکومت پاکستان نے دوافراد پر مشتمل ایک وفد بھیجنے کی اجازت دیدی۔وفد کے دوسرے رکن مشہور شاعر حفیظ جالندھری تھے۔کانفرنس کے منتظمین میں شامل ہونے کی وجہ سے فیض نے یہ یقینی بنایا کہ کانفرنس میں مشاعرہ بھی ہو۔اس کانفرنس کے ریکارڈ میں صرف ایک دفعہ فیض کا ذکر ہے وہ بھی انکی ایک تقریر جو افروایشیائی انجمن کے انتظامی ڈھانچے، اسکے دفاتر اور اسکے مجلّے سے متعلق تھی۔وہ دوبارہ سوئیت یونین ۱۹۶۲ میں گئے جب انہوں نے"لینن" ایوارڈ حاصل کیا اس موقعہ پر انہوں نے"کریملن" میں انعام وصول کرتے ہوئے اظہار تشکر کے طور پر اردو میں تقریر کی۔

فیض احمد فیض کو اس سے اچھا موقعہ نہیں مل سکتا تھا کہ وہ سوئیت یونین کے ادبی حلقوں میں متعارف ہوجائیں کہ اب وہ لینن انعام یافتہ تھے۔اس نے ان پر سوئیت یونین میں ہر قسم کے دروازے وا کردئے۔انکی شاعری کا مجموعہ"دست صبا" پہلے ہی ۱۹۶۰ میں ترجمہ ہوکر شائع ہوچکا تھا اس بعد تو آئندہ دو دہائیوں میں انکی نظموں کے ترجے ایک عام بات ہوگئی یہ موقر مجلوں میں اور علیحدہ کتابچوں کی شکل میں شائع ہونے لگیں اور پھر انکی شاعری کے مجموعے ۱۹۷۷، ۱۹۸۳ اور ۱۹۸۵ میں تین ضخیم جلدوں میں شائع ہوئے۔انکی شاعری کے ترجے روس کے مشہور اور نامور شاعروں نے کئے تھے اور انکی بڑے پیمانے پر اشاعت ہوئی۔انکی نظموں اور غزلوں کے روسی تراجم کے ریکارڈ بنائے گئے اور بڑی تعداد میں فروخت ہوئے۔فیض وہاں ہردلعزیزی کی معراج پر تھے اور جب وہ ضیاء الحق کے دور میں خود ساختہ جلاوطنی کا دور گذار رہے تھے انکی سترویں سالگرہ ماسکو کے ایوان مصنفین میں بڑی شان وشوکت سے منائی گئی۔سوئیت یونین کے درجنوں فنکاروں نے انہیں خراج تحسین پیش کیا اور انکی تقریر کو توجہ اور دلچسپی سے سنا گیا۔ان کے ساتھ سوئیت ہسپتالوں اور اسپا میں شاہانہ سلوک کیا گیا اور انہیں تیسری دنیا کے دوسرے نامور مصنفین جیسے ناظم حکمت، پابلو نرودا کے علاوہ سوئیت یونین کے مسلم دانشوروں اولے سلیمانوو، رسول حمزہ اور چنگیز اعتمانوو سے بھی ملنے اور دوستی بڑھانے کا موقعہ نصیب ہوا۔فیض نے ان کی شاعری کا اردو میں ترجمہ کیا اور اسی اثنا میں انہوں نے کچھ نئی شاہکار نظمیں بھی تخلیق کیں جنکا بعد میں انگریزی میں ترجمہ کیا گیا۔

سوئیت یونین کے متعلق فیض کی اپنی یادوں پر مشتمل کتاب"ماہ و سال آشنائی" جو اردو میں پہلی دفعہ ماسکو سے شائع ہوئی، کا مطالعہ اس دور کو دوبارہ زندہ کردیتا ہے جو کبھی کا گذر چکا۔میرا خیال ہے کہ لدمیلا نے اسکو ایک پروپیگنڈا پر مشتمل کتابچہ قرار دیکر اس کے ساتھ زیادتی کی ہے۔اس کتاب کی تصنیف کے لئے ۱۹۷۴ میں فیصلہ کیا گیا تھا یہ ۱۹۷۵ میں تکمیل کو پہنچ گئی تھی مگر اسکی اشاعت ۱۹۷۹ تک ممکن نہ ہوسکی۔کتاب کا انداز یہ ہے کہ جیسے مسافر یا سیاح جسکے دل میں سوئیت یونین کے لئے ہمدردی ہے اس ملک سے گذر رہا ہو اور اپنے مشاہدات بیان کررہا ہو۔یہ صحیح ہے کہ فیض نے سوئیت یونین کی ایک دلفریب تصویر کشی کی

ہے اور کہیں بھی اس پر کوئی تنقید نہیں کی، مگر جو کتاب کا انداز ہے اس کو دیکھتے ہوئے یہ قدرتی چیز تھی۔ دراصل کو اس بات کا موقعہ ہی نہیں ملا کہ وہ اسکو مکمل کرتے، اسکی وجہ سے کتاب کا حجم مختصر تھا اور ناشر نے اسکا حجم بڑھانے کے لئے کئی صفحات اس میں صرف تصویروں کے گھسیڑ دئے ہیں جنکا فیض سے کوئی تعلق نہ تھا۔ اسکے علاوہ اس میں فیض کی وہ نظمیں بھی شامل کر دی ہیں جو فیض نے اپنے روس کے قیام میں لکھی تھیں۔ یہ بات واضح ہو جاتی ہے کہ فیض کے سوئیویٹ یونین کے سفر بڑے مزے کے ہوتے تھے جس میں انکو بہت سے ہم قلم ادیب اور شاعروں سے ملنا نصیب ہوتا تھا، دور دراز کی سیاحی اور روسی تفریح گاہوں کی سیر کا موقعہ ملتا تھا اور ان سب کا خرچہ حکومت برداشت کرتی تھی۔ یہ دورے شاعری کے لئے بہت زرخیز ہوتے تھے اگر چہ اس شاعری میں سوئیویٹ یونین سے متعلق موضوعات نہیں ہو تے تھے۔ اس پوری کتاب ''نسخہ ہائے وفا' میں صرف ایک نظم جو سوئیویٹ یونین کے متعلق کہی گئی ہے وہ ''لینن گراد ڈ کا گورستان'' ہے۔ اسکا انداز بیان نہایت پر زور ہے۔ ایک دوسری نظم ''اشکا آباد کی ایک شام'' صرف ایک سوئیویٹ شہر کے نام ہے مگر اس میں اشتراکیت کے متعلق کوئی ذکر نہیں۔ یہ ظاہر ہے کہ فیض کا روس سے تعلق ایک پیچیدہ موضوع ہے اور یہ کہا جاسکتا ہے کہ کاش لڈمیلا انکی زندگی کے اس پہلو، یعنی سوئیویٹ یونین سے انکے تعلق پر ایک سے زیادہ باب لکھتیں۔ کتاب کا صرف ایک باب ''فیض اور سوئیویٹ یونین'' فیض کے روس سے تعلق پر روشنی ڈالتے ہیں مگر یہ باب روسی ایڈیشن میں صرف پندرہ صفحات اور اردو میں اٹھارہ صفحات پر مشتمل ہے۔ اس سے قاری کی تشنگی نہیں بجھتی۔ یقیناً اس موضوع پر بہت کچھ لکھا جاسکتا تھا۔

فلسطین کا مسئلہ آج بھی موجود ہے مگر اب کتنے لوگ ہیں جنہیں جنوبی افریقہ اور نمیبیا میں سفید فام اور رنگ دار عوام کے درمیان تفریق اور جدا گانہ طرز زندگی کی سرکاری پالیسی کے خلاف کیسا عالمی غم وغصہ کا اظہار کیا گیا تھا اب جبکہ جوہری بم کے خطرات سوائے ایران سے متعلق ایک خوف کے، بڑی حد تک معدوم ہو چکے ہیں تو ہم فیض کی زندگی کے اس پہلو سے کہ انہوں نے اپنی زندگی کا بڑا مقصد جوہری خطرات کی مخالفت کے لئے وقف کیا ہوا تھا۔ یہی سوال واسی لیوا کی کتاب کا اہم ترین سوال ہے اور اسی پر اس نے اپنی کتاب کا اختتام کیا ہے۔ وہ اس نتیجہ پر پہنچتی ہیں کہ اردو ادب کے عظیم ایوان میں فیض کے مرتبے یا انکی قدر و قیمت کے متعلق کسی شک وشبہ کی گنجائش نہیں مگر وہ سیاسی یا سماجی قدریں جو فیض کی زندگی میں اولیں اہمیت کی حامل تھیں وقت کی کسوٹی پر پوری نہ اتر سکیں۔ (میرا ذاتی خیال ہے اس سے واسی لیوا کا مقصد سوئیویٹ یونین کا ٹوٹنا اور روس اور اسکی ذیلی مملکتوں میں کمیونزم کے خاتمے سے ہے۔۔ مترجم) مستقبل کا قاری فیض کی شاعری کو کس طرح پڑھے گا اس اہم سوال کو اس کتاب کے قاری پر چھوڑ دیتی ہیں۔ مگر وہ فیض کے آخری دور کی شاعری، جو زیادہ تر انکی جلاوطنی کے زمانے میں لکھی گئی ہے، جیسے ''میرے دل میرے مسافر'' اور ''نسخہ ہائے وفا'' کے آخری ابواب جنہیں ''غبارِ ایام'' کا نام دیا گیا ہے کا تجزیہ ضرور کرتی ہیں جو اردو ایڈیشن میں روسی ایڈیشن کے مقابلے میں زیادہ تفصیل سے ہے۔

ان کی نظر میں جلاوطنی کی یہ شاعری، یاد ماضی، چھوٹے وطن چاہت، اور ایک بے نام افسردگی پر مشتمل ہے۔ میرے دل میرے مسافر کا بنیادی مزاج ''غم'' ہے۔ ایک ایسا غم جو ناامیدی، بے بسی اور تشکیک لئے ہے۔ ۱۹۸۳ کی لکھی نظم ''آج شب کوئی ہے'' اور ''میرے ملنے والے'' ایک درد کی عکاسی کرتے ہیں۔ ایک ایسا درد جہاں طلوع صبح بھی درد کا پیغام لے کر آتی ہے۔

وہ صبح آئے دمکتے نشتر سے
یاد کے زخم کو منانے

واسی لیوا کہتی ہیں کہ یہ افسردگی اور یہ عالم ناامیدی سوئیویٹ یونین کے متعلق فیض کے ذہن میں اٹھنے والے شکوک وشبہات کی وجہ سے تھے۔ انہوں نے بریژنیف کے دور میں سختی سے مخالف آوازوں کو دبانے اور سیاسی مخالفین کی جلاوطنی کو دیکھا تھا۔ اسکے علاوہ افغانستان میں روسی مداخلت اور سوئیویٹ یونین کی روزمرہ زندگی میں شدید بدعنوانی اور کرپشن نے بھی انہیں اس کے متعلق شکوک میں مبتلا کر دیا تھا۔ اس چیز نے انہیں اپنی تمام زندگی کے آئیڈیل اور مقصد پر بھی شک کی گرد ڈال دی تھی۔

فیض کی اس دور کی شاعری ایک بار پھر اس بات کا اعادہ کرتی ہے کہ انہوں نے اپنی زندگی میں سوشلزم اور اسکی قدروں کو بہت سنجیدہ لیا تھا اور بڑی حد تک انہوں نے اپنی زندگی کو اس کے لئے وقف کر دیا تھا۔ اسی کے ساتھ انکا وطن سے لگاؤ بھی بہت گہرا تھا اور اسی وجہ سے انہوں نے خود ساختہ جلاوطنی کو ترک کیا اور ۱۹۸۳ میں واپس پاکستان آگئے۔ اشتراکیت سے ایک حد تک مایوس ہو کر فیض کے تمام تر جذبات واحساسات وطن کی محبت اور اس کے سلسلے میں امید وبیم کی شاعری میں ڈھل گئے جسکی مثال یہ نظم ہے

یہ کون کب آیا، کب گیا ہو
نگاہ و دل کو خبر کہاں ہے
خیال سوئے وطن رواں ہے
سمندروں کی ایال تھامے
ہزار وہم و گماں سنبھالے
کئی طرح کے سوال تھامے

فیض ۱۹۸۴ میں لاہور میں انتقال کر گئے اور اسطرح وہ اس غم سے محفوظ رہے جو سوئیویٹ یونین، جسے انہوں نے اپنے دل کے بیحد قریب رکھا تھا، کے ٹوٹنے سے انہیں پہنچتا۔ صرف مستقبل کے تاریخ داں فیض کی شاعری کے سیاسی پہلو پر زیادہ معروضی طور پر تبصرہ کر سکیں گے مگر یہ بات یقین سے کہی جاسکتی ہے کہ نئے حالات کی روشنی میں فیض کی شاعری کو جو بیسویں صدی کی اعلیٰ ترین اردو شاعری تھی ایک نئے انداز سے پرکھا جائیگا۔

دُور کی ایک نادر کرن

پروین شیر
(کینیڈا)

جب گلزار جاوید صاحب نے مجھے یہ مژدہ سنایا کہ وہ ڈاکٹر لدمیلا وسیلیئوا کا نمبر شائع کر رہے ہیں اور مجھے اس اہم شمارے کے لیے ایک مضمون لکھنے کی دعوت دی تو از حد مسرت اس لیے ہوئی کہ یہ اعزاز ایک بہت معروف و ممتاز غیر ملکی اُردو اسکالر کے لئے ہے۔ خصوصاً اس لئے بھی کہ لُدمیلا نے اُردو کے محبوب اور میرے سب سے زیادہ پسندیدہ شاعر فیض احمد فیض پر بے حد وقیع کام کیا ہے جو اُردو ادب کے لئے بے بہا ہے۔

میں نے قلم اُٹھا لیا ہے اور یادوں کی شبنم قطرہ قطرہ کاغذ کی زمین پر ٹپک رہی ہے۔ گئے وقت کے دریچے وا ہو رہے ہیں............

وہ اُردو دنیا کے لیے ایک اہم اور یادگار رات تھی۔ ۲۰۰۵ کی ایک خوبصورت رات.......شہر ٹورانٹو کے ۵ ستارہ ہوٹل کے وسیع ہال میں سیکڑوں دیسی، شاداں چہرے جگمگا رہے تھے۔ ریشمی رنگ لہرا رہے تھے۔ اُس رات سجاد ظہیر کے صد سالہ جشن اور مشاعرے کا اہتمام اُردو انٹرنیشنل کی جانب سے کیا گیا تھا۔ اس جشن میں برصغیر، انگلستان، نارتھ امریکہ اور ساری دنیا سے علماء و اُدبا، دانشوروں اور تخلیق کاروں نے شرکت کی تھی جس میں میں بھی مدعو تھی۔ جب میں ہال میں داخل ہوئی تو اچانک میری نظر ایک چہرے پر رُک گئی تھی کیونکہ یہ دیسی نہیں تھا۔ یہ پُرکشش چہرہ ایک مغربی خاتون کا تھا جو کچھ لوگوں سے باتوں میں مصروف تھیں۔ اُردو ادب کے جشن میں کسی مغربی خاتون کا ہونا میرے لئے حیرت کا باعث تھا۔ میں ذرا اور قریب گئی تو میری حیرانی اپنے عروج پر پہنچ گئی تھی۔ کیونکہ یہ خاتون بہترین اُردو میں پوری روانی کے ساتھ باتیں کر رہی تھیں۔ کسی نے ان کا تعارف مجھ سے کیا کہ یہ روس سے آئی ہیں اور مشرقی ادب کے شعبے میں Research Associate ہیں۔ اُردو ادبیات میں پی۔ ایچ۔ ڈی کی ہے۔ یہ میری ڈاکٹر لدمیلا وسیلیئوا سے پہلی ملاقات تھی جو حیرت، فخر اور خوشیوں کا امتزاج تھی۔ اُردو زبان و ادب میں ایک روسی خاتون کی اس حد تک دل چسپی اور دسترس حاصل ہونا میرے لیے پہلا اتفاق تھا۔ اُردو کا عمدہ تلفظ اور روانی........یقین نہیں آ رہا تھا کہ یہ کوئی غیر اہل زبان ہیں۔ اور جب میں نے ان کی تقریر سنی تو بہترین الفاظ کا انتخاب اور عام روایت کی خشک تقاریر سے مختلف، اظہار کے جداگانہ اور دل چسپ انداز نے مجھے پوری طرح اپنی گرفت میں لے لیا تھا۔ ثلیث اُردو میں حیران کن روانی کے ساتھ وہ کئی واقعات اپنے بنے بھائی (سجاد ظہیر) اور فیض احمد فیض کے متعلق سنا رہی تھیں۔ مثلاً ایک دل چسپ واقعہ یہ کہ موسکو میں کوئی ادبی فنکشن تھا جس کی صدارت سجاد ظہیر صاحب کو کرنی تھی۔ تقریب شروع ہونے سے قبل کسی روسی نے پروگرام کی لسٹ پر ایک نظر ڈالی جس پر سجاد ظہیر صاحب کے نام کے ساتھ ہیڈ (Head) درج تھا۔ اُسے انگلش زیادہ نہیں آتی تھی۔ ایک کمرے میں کچھ لوگوں کے ساتھ فیض صاحب بیٹھے ہوئے تھے۔ اُس شخص نے آ کر خبر سنائی کہ آج سجاد ظہیر صاحب ڈیڈ (Dead) ہیں۔ لوگوں میں کھلبلی مچ گئی۔ فیض صاحب پریشان ہو گئے کیونکہ چند ہی گھنٹے قبل وہ اُن کے ساتھ تھے اور وہ بالکل اچھے بھلے تھے۔ دوسرا دل چسپ واقعہ لدمیلا نے یہ سنایا کہ سجاد ظہیر صاحب جب تحریک کے سبب Under ground ہو گئے تھے تو کسی نے کہہ دیا تھا کہ وہ زمین کے اندر ہیں اب۔ یہ سن کر سجاد ظہیر صاحب نے فرمایا تھا کہ مجھے لوگ کبھی Dead کہتے ہیں کبھی زمین کے اندر۔

لُدمیلا سے میری یہ پہلی ملاقات مختصر اور رسمی تھی۔ لیکن انوکھی اور یادگار تھی۔ کیونکہ کسی مستشرق سے میں پہلی بار ملی تھی۔ ان سے کچھ دیر کی گفتگو نے ان کی خوش خلق شخصیت کا گہرا اثر چھوڑا تھا۔ اُردو ادب کے لیے ان کی غیر معمولی خدمات نے از حد متاثر کیا لیکن میرے لیے بے حد خوشی کی بات یوں تھی کہ یہ میرے سب سے زیادہ پسندیدہ اور اُردو کے بے حد مقبول شاعر، فیض احمد فیض سے بہت قریب رہیں اور ان کی زندگی اور تخلیقات کے بھرپور علم سے مالا مال ہیں۔ پوری باریک بینی سے فیض کے متعلق ان کا گہرا مطالعہ اُردو قارئین کے لئے بے حد اہم اور گراں قدر ہے۔ فیض احمد فیض کی شاعری اور زندگی کے بہت سارے پہلوؤں کو لُدمیلا نے روشن کیا ہے جو ان کے بغیر شاید کبھی اُجاگر نہیں ہو پاتے۔ انہوں نے فیض کی شخصیت اور تخلیقات کے سمندر کی سطح پر غوطے نہیں لگائے بلکہ ان کی گہرائیوں میں اُتر کر بہت سارے ایسے موتی برآمد کیے جو کوئی اور نہ کر سکا۔ اُن کی چمک سے آنکھیں محروم رہ جاتیں اگر لُدمیلا نے یہ نہ کیا ہوتا۔ ان کے کارہائے نمایاں قابل ستائش ہیں۔ ان کی فیض فہمی سے اُردو فیض یاب ہوئی ہے۔ اُردو ادب میں ان کی یہ تصنیف انمول اضافہ ہے۔

لدمیلا سے میری دوسری ملاقات بے حد اہم موقع پر ہوئی۔ یہ وہ یادگار اور خوشیوں سے بھرپور لمحات تھے جب ۳۰ اکتوبر، ۲۰۱۰ میں اُردو مرکز انٹرنیشنل، لاس انجیلس، کیلی فورنیا کے عظیم الشان بین الاقوامی سالانہ مشاعرہ اور معزز ایوارڈس کی تقریب تھی۔ لدمیلا کو اُردو کی غیر معمولی خدمات کے لیے قاضی شفیع محمد، فخر اُردو انٹرنیشنل ایوارڈ سے نوازا گیا تھا اور میری کتاب ''نہال دل پر سحاب جیسے'' کو بہترین شعری تخلیق، احمد ادایا اُردو انٹرنیشنل ایوارڈ عطا کیا گیا تھا۔ دنیا کے مختلف ممالک سے آئے ہوئے لوگ اُردو مرکز انٹرنیشنل کے مہمان

تھےاور تین دنوں تک لدمیلا کا پرلطف ساتھ رہا تھا۔جس اشتیاق اور گرم جوشی سے وہ مجھ سے ملی تھیں وہ آج بھی یاد ہے۔ہم سب نیرآپا (محترمہ نیر جہاں) کے دولت کدے پر ہر رات جمع ہوتے تھے جو خود نہایت نفیس، مشفق، شائستہ، مہمان نواز اور پرخلوص خاتون ہیں۔ انہوں نے اور ان کے شریک حیات، جناب ذہانت حسین صاحب نے سب مہمانوں کا جس محبت سے خیال رکھا تھا وہ ناقابل فراموش ہے۔

لدمیلا سے اس دوسری ملاقات نے ،ان تین دنوں کے ساتھ نے اوران کی شگفتہ خاطر شخصیت نے ہمیں ایک دوسرے سے بے تکلف اور قریب کر دیا۔اب جب بھی ان سے فون پر کبھی بات ہوتی ہے تو ان کا بے حد دوستانہ لہجہ، مجھے ''پروین ڈیر'' کہہ کر مخاطب کرنا اور ماسکو آنے کی دعوت دینا، مجھ کو میری ایک پسندیدہ ،معروف امریکن ادیبہ ،اور شاعرہ ،مایا انجیلو Maya (1928) Angelou کی یہ بات یاد دلاتا ہے........

"I have learned that people will forget what you said, people will forget what you did, but people will never forget how you made them feel"

تو یہ ہے کہ لدمیلا ادبی قد آوری کے ساتھ ذاتی قد آوری بھی رکھتی ہیں۔انکسار........اُس شاخ کی مانند جو پھولوں سے لدی ہوئی جھک جاتی ہے۔

انھوں نے مجھے اپنی اہم کتاب ''پرورش لوح وقلم۔فیض،حیات و تخلیقات'' عطا کی۔اس کتاب کے پیش لفظ میں ڈاکٹر جمیل جالبی یہ فرماتے ہیں.....''زیرِ نظر کتاب میں جس طرح ڈاکٹر لدمیلا نے فیض کی حیات اور تخلیقات کا مطالعہ کیا ہے، ویسا فیض کے بارے میں کسی اور مطالعے میں میری نظر سے نہیں گزرا''۔''اس میں بہت سی باتیں ایسی آ گئی ہیں جو خود اُردو قارئین کے لیے بھی نئی ہیں''۔''میں وثوق کے ساتھ کہہ سکتا ہوں کہ غیر اہل زبان میں اس وقت کوئی دوسرا ان جیسا نہیں ہے''۔

یہ کتاب اتنی دل چسپ اور معلوماتی ہے کہ میں نے پڑھنا شروع کیا تو رُک نہیں سکی۔ یہ کتاب مجھے ایک عظیم شاعر کی دنیائے دروں تک لے گئی۔ خاص کر دورانِ اسیری اپنی شریک حیات، ایلس کے نام فیض کے خطوط میں جو دل گیری اور بے چینیاں موجود ہیں، جن کے متعلق لدمیلا لکھتی ہیں......''فیض کے خطوط مختصر نثری شہ پارے ہیں۔خارجی دنیا سے الگ تھلگ،شاعر اس کی دل کشی کے سبھی مظاہر کو شدت سے محسوس کرتا ہے۔اپنوں کی یادوں سے اسے گہرے فلسفیانہ خیالات کی تحریک ملتی ہے''۔........''اکثر فیض صاحب پر مایوسی اور بیزاری کا عالم طاری ہو جاتا تھا۔خراب موسم کے دنوں میں ایسی حالت خاص کر شدید ہوتی تھی۔اُداسی کی گھڑیوں میں فیض اپنے کمرے میں چھپ کر اپنے پلنگ پر لیٹ جاتے تھے جو کونے میں دریچے کے سامنے تھا اوران کی نظر دریچے کے جنگلے کو پار کر کے کالی گھٹاؤں میں ڈوب جاتی تھی.....فیض کے ایک خط میں پڑھتے ہیں:

صبح و شام بہت تیز اور ٹھنڈی ہوا چلتی ہے۔جب یہ ہوا ہمارے گنے چنے پیڑوں اور بیل بوٹوں میں سے سنسناتی ہوئی گزرتی ہے تو سب پودے اس کی لے پر رقص کرنے لگتے ہیں اور اس رنگ و آہنگ سے نظر کو عجیب عجیب دھوکے ہوتے ہیں............. جیل کے گوشے میں بیٹھے ہوئے نظر کے سامنے یہ منظر اُبھرتے ہیں، ہوا میں لہراتے ہیں اور بکھر جاتے ہیں اور اُن لمبے وقفوں میں نہ جیل خانہ باقی رہتا ہے نہ جیل کی دیواروں کا وجود۔ جہاں تک خطوط کی بات ہے تو ان کے کئی حصے تو درحقیقت نثری نظموں کی حیثیت رکھتے ہیں اوران کو فیض کے شاعرانہ شاہکاروں میں شامل کرنے میں شاید ہی کوئی مبالغہ ہوگا''۔(پرورش لوح وقلم۔ فیض،حیات اور تخلیقات)۔

اس کتاب کے مطالعہ کے بعد بے ساختہ مجھے مشہور امریکن ادیب اور شاعر Herman Melville(1819-1891) کی یہ بات یاد آ گئی کہ **"To produce a mighty book, you must choose a mighty theme"** ۔میں حیرت انگیز خوشی سے دو چار ہوئی اور Envious بھی کہ لدمیلا اس عظیم شاعر سے کتنی قریب رہیں جس کا ثبوت ان کی یہ تحریر ہے...

''فیض صاحب شاندار سرکاری دعوتوں سے کم شوق رکھتے تھے۔ان کو اپنے قریبی دوستوں کا محدود حلقہ کہیں زیادہ پسند ہوتا تھا۔ ماحول نہایت''گھریلو'' اور''پُرخلوص'' ہوتا تھا۔ایسی محفلوں میں فیض کی شاعری کے پرستار جمع ہو جاتے تھے۔فیض سے متواتر فرمائشیں کی جاتی تھیں اور وہ اپنا کلام سناتے جاتے تھے۔کبھی وہ تھک بھی جاتے اوران کی سانسیں چڑھنے لگتیں (بیمار پھیپھڑے اپنی یاد دلاتے تھے!) لیکن فیض مہلت نہیں لیتے تھے۔جنوبی ریپبلکوں کے مقابلے میں ماسکو میں اُردو اور فارسی جاننے والوں کی تعداد کم تھی۔ پھر بھی یہاں بھی فیض کی شاعری کے ان شائقین کی بہتات تھی جو روسی زبان میں ان کا کلام پڑھتے تھے۔نہ جانے کس طرح لیکن اُن لوگوں سے بھی فیض باہمی تعلق رکھتے اور مترجم کے بغیر بھی بات چلا لیتے تھے جن کو اُردو فارسی تو درکنار، انگریزی بھی نہیں آتی تھی۔ایک بار مشہور روسی شاعرہ رینا کازا کووا نے فیض کے سلسلے میں کہا کہ شعراء کی اپنی مشترک زبان، خاموشی کی زبان ہوتی ہے۔شاید اپنے اس پُراسرار فقرے کی وضاحت کے طور پر انہوں نے فیض کی یاد میں ایک نظم لکھی جس کا عنوان رکھا''شاعر کی خاموشی''۔۱۹۸۶ میں لندن میں''فیض میموریل لیکچر'' پڑھتے وقت انہوں نے اس نظم کا انگریزی ترجمہ بھی سنایا۔اس کے دو بند ملاحظہ ہوں:

O Faiz
you were a trumpet to my heart
whose silent calls were clearly, clearly heard!
Although a poor diciple of your art,
I do recall how fine it always felt
to talk to you without saying a word........
O noisy speeches, dull and long-they roar,
how furiously the speakers fan the wind...
Not so with you, o Faiz!-you were akin
to all of us. Even to utter a word
there was no need: your silence meant much much more.

لدمیلا کی یہ کتاب اُردو ادب کے لیے ایک سرمایہ ہے۔ اس کے علاوہ انہوں نے اپنے زورِ قلم سے کتنے چراغ جلائے ہیں جن کی روشنی ہمیشہ قائم رہے گی۔ غالب کے منتخب کلام، ن۔م راشد، اقبال، قرۃ العین حیدر، ابوالکلام آزاد، مجاز، علی سردار جعفری، فراق گورکھ پوری اور دیگر کی تخلیقات کو روسی زبان میں منتقل کیا ہے۔ میری دعا ہے......دُور کی یہ نادر کرن ہمیشہ ضیا خیز رہے۔

☆

پرورشِ لوح وقلم

یاسمین مصطفیٰ

انگریزی سے ترجمہ

محبوب بگٹی (ڈیرہ بگٹی)

اردو زبان کی روسی سکالر ڈاکٹر لدمیلا نے فیض احمد فیض کی زندگی کے نامعلوم اور چھپے ہوئے گوشوں کے متعلق مختلف حقائق اس کتاب کے ذریعے آشکار کیے ہیں۔ آپ اردو زبان میں پی۔ ایچ۔ ڈی ہیں اور اس کے علاوہ فیض صاحب سے ذاتی تعلق بھی تھا جس کی وجہ سے اس کتاب کے ذریعے آپ نے فیض صاحب کی حیات و تخلیقات کے متعلق خوب لکھا ہے۔ یہ کتاب اصل میں روسی زبان میں لکھی گئی جس میں ڈاکٹر لدمیلا نے فیض کو بطور شاعر ایک عام آدمی اور اشتراکیت کا حامی اور ایک دوست کے طور پر بیان کیا ہے۔ انہوں نے بڑی عرق ریزی سے حقائق کو جمع کیا اور اردو زبان پر اپنی مہارت اور دسترس کا کما حقہٗ استعمال کرتے ہوئے فیض کو بطور شاعر ایک انقلابی اور دوست کے طور پر بیان کرنے کا حق ادا کیا ہے۔ مصنفہ چونکہ شاعری کو خوب سمجھتی ہیں اس لیے انہوں نے فیض کی شاعری پر جو تنقیدی انداز اپنایا ہے وہ اردو پڑھنے والوں اور تنقید کرنے والوں کے لیے حیران کن ہے۔ انہوں نے فیض صاحب کی ابتدائی اور آخری زندگی کو اس کتاب میں شامل کیا ہے۔ آپ کا انداز بیان قاری کو حیرت زدہ کر دیتا ہے۔ مترجمین نے روسی زبان سے اردو میں ترجمہ کرتے ہوئے کتاب کی اصل روح کو برقرار رکھا ہے جس کی وجہ سے پڑھنے والے پر اس کے تسلسل کا گہرا اثر پڑتا ہے۔

کتاب کے دوسرے مترجم اُسامہ فاروقی جو کہ حیدر آباد دکن سے ہیں روسی زبان پر اچھی دسترس رکھتے ہیں اور ترجمے کو اپنے جریدہ ''سب رس'' میں شائع کرنے کا بوجھ بھی انہوں نے اٹھایا۔ بدقسمتی سے جب کتاب کے دسویں باب کو ترجمہ کیا جا رہا تھا تو اُسامہ فاروقی انتقال کر گئے۔ اُس کے بعد ڈاکٹر لدمیلا نے اس نامکمل کام کا بیڑا اٹھایا اور اس سے خوب انصاف کیا۔ فیض صاحب بطور شاعر ہمارے معاشرے میں جانے پہچانے جاتے ہیں لیکن ان کے حالاتِ زندگی ایک عام آدمی سے پوشیدہ ہی رہے۔ یہ وہ خلا تھی جس کو فیض کے چاہنے والے پورا کرنا چاہ رہے تھے کہ کوئی فیض کو شاعری کے ساتھ ساتھ بطور انسان بھی ان کے سامنے پیش کرے۔ کتاب کے ابتدائی حصہ شاعر کی زندگی کے ابتدائی ایام کا ہے۔ آپ کی پیدائش ایک کھاتے پیتے اور بھرے پُرے میں ایسے گھرانے میں ہوئی جہاں تمام رشتوں کی سرپرستی کی وجہ سے آپ کی زندگی میں ایک پرسکونیت موجود تھی۔ اس لیے اُن کی ابتدائی نظمیں حیران کن ہیں۔ اُن کی نظم ''رنگ ہے دل کا میرے'' اُن کے حساس جذبوں کی عکاسی کرتی ہے۔ ڈاکٹر لدمیلا نہایت ہی دلچسپی سے فیض کے بچپن، لڑکپن اور بعد کی زندگی کے واقعات کا احاطہ کرتی ہیں۔ جب فیض اٹھارہ سال کے تھے تو انہیں اعلیٰ تعلیم کے لیے لاہور بھیج دیا گیا تو اُس وقت کی مایوسی اُن کی شاعری میں کچھ یوں نظر آتی ہے کہ:

فضائے دل پہ اُداسی بکھرتی جاتی ہے
فسردگی ہے کہ جاں تک اترتی جاتی ہے
فریبِ زیست سے قدرت کا مدعا معلوم
یہ ہوش ہے کہ جوانی گزرتی جاتی ہے

فیض اُس وقت بھی امن اور خوشیوں کا معاشرے کے لیے دلدادہ تھا اس حوالے سے مصنفہ اُن کی علامہ اقبالؔ سے قربت کا بھی ذکر کرتی ہیں کہ فیض بطور شاعر اور انسان اقبالؔ سے متاثر تھا۔ اُن کی نظم ''اقبال'' جو کہ ۱۹۳۱ء میں لکھی گئی جس میں فیض بطور شاعر اُس وقت کے لوگوں کے متعلق ہے مصنفہ نے بیان کیا ہے کہ کیسے فیض امرتسر کے مسلم اینگلو اورینٹل کالج میں اشتراکیت کا سفر اپنی جوانی میں کیا۔ یہ شعر اُن کے اُس وقت کے خیالات کی ترجمانی کرتا ہے:

ہم پرورشِ لوح و قلم کرتے رہیں گے
جو دل پہ گزرتی ہے رقم کرتے رہیں گے

فیض احمد فیض کی نظم ''صبح آزادی'' ایک نوزائیدہ مملکت کی مستقبل کے متعلق کچھ یوں ہے:

یہ داغ داغ اجالا، یہ شب گزیدہ سحر
وہ انتظار تھا جسکا، یہ وہ سحر تو نہیں

ڈاکٹر لدمیلا فیض کی عائلی زندگی اور ایلس کے بارے میں بیان کرتی ہیں کہ کیسے ایک مغربی خاتون نے اپنے شریک حیات اور اُن کے خیالات کے ساتھ اپنے آپ کو وقف کیا۔ انہوں نے فیض کو بطور شاعر اور انسان اُن کی زندگی میں بہت مدد دی تا کہ فیض صاحب مکمل آزادی اور خوشی کے ساتھ اپنا کام کرتے رہیں۔ اس کتاب میں فیض کا ''پاکستان ٹائمز'' اور ''امروز'' کے ساتھ تعلق کا بھی ذکر ہے کہ ان اخبارات میں فیض صاحب نے حکومتی پالیسیوں کے متعلق خوب تنقید کی ہے۔ راولپنڈی سازش کا ذکر بھی تفصیل سے کیا گیا ہے۔ فیض صاحب نے دو کتابیں ''دستِ صبا'' اور ''زندہ نامہ'' لکھی ہیں۔ فیض صاحب کو ۱۹۶۲ء میں ماسکو میں ''لینن امن'' ایوارڈ نوازا گیا جو انہیں اُن کی شاعری اور بطور اشتراکی مفکر کے طور پر دیا گیا۔ اُن کا کلام مختلف زبانوں میں ترجمہ ہو کے روسی جریدوں میں مختصر عرصے میں شائع ہوا جس کی وجہ سے آپ کی شہرت میں بے پناہ اضافہ ہوا۔ آپ کے کام کو کروڑوں روسیوں نے قدر کی نگاہ سے دیکھا۔ فیض صاحب کے ماسکو سے تعلق اُن کی نظم ''لینن گریہ کا قبرستان''

سے ملاحظہ کیا جاسکتا ہے۔ کتاب میں فیض صاحب کو لکھنے پر مائل کرنے کے حالات وواقعات پر سیر حاصل گفتگو کی گئی ہے۔ ۱۹۷۱ء کے سانحے اور شاعری پر اس کے اثرات کا بھی خوب احاطہ کیا گیا ہے جیسا کہ:

ہم کیا کرتے کس راہ چلتے
ہر راہ میں کانٹے بکھرے تھے
ان رشتوں کے جو چھوٹ گئے
اُن صدیوں کے یارانوں کے
جو اک اک کر کے ٹوٹ گئے

ڈاکٹر لدمیلا نے فیض کی زندگی کے مشکل ترین دور کا بھی احاطہ کیا جس میں فیض کو ۱۹۷۷ء کے مارشل لاء میں پاکستانی سیاست کے اتار چڑھاؤ کی وجہ سے ملک چھوڑنے کے سوا کوئی دوسرا اختیار نہ تھا۔ فیض نے خود اختیاری ملک بدری کے سلسلے میں پہلے ہندوستان اور اس کے بعد ۱۹۷۹ء میں ماسکو اور آخر کار بیروت میں ایفرو ایشین رائٹر ایسوسی ایشن کے جریدہ ''لوٹس'' میں بطور مدیر کام شروع کیا۔ مصنفہ نے فیض صاحب کی زندگی کے اتار چڑھاؤ، امن و آشتی کے خاندان میں پیدا ہونے کے باوجود مختلف قومیت، ثقافت اور مذاہب کے لوگوں کے درمیان امن ومحبت اور ہم آہنگی کی کوشش میں سرگرداں دکھایا ہے اور یہ اُس کی ذاتی کاوشیں تھیں جس کی وجہ سے اردو سویت یونین میں متعارف ہوئی اور مشہور بھی ہوئی۔

یہ کتاب فیض صاحب کے ادبی مقام کے متعلق بلکہ اُس سے زیادہ ایک عقیدت مندانہ کاوش ہے اور یہ فیض کے متعلق بے حد اہم گراں قدر اور مستند کام ہے اور فیض کے متعلق کام کرنے والوں کے لیے یہ کتاب ایک ضرورت اور بنیادی ماخذ کا درجہ رکھتی ہے۔

روس میں اردو

ڈاکٹر لدمیلا وسیلیوا

روس کا شمار ان ممالک میں ہوتا ہے جہاں اردو صرف ایک غیر ملکی زباں کی حیثیت سے موجود ہے۔ زیادہ تر مغربی ممالک کے برعکس روس میں کوئی برادری یا کوئی حلقہ نہیں ہے، جس کے لیے اردو مادری زباں ہو اور جس نے اپنی زباں اور تہذیب کی بقا اور ارتقا کی خاطر کوئی کاوشوں میں سرگرداں ہو۔

لیکن اس کے باوجود کہ روس میں اردو نہیں بولی جاتی ہے آج روس کو اردو زبان و ادب کی دنیا کی ایک اہم بستی کہا جاتا ہے۔ یہاں وسیع پیمانے پر اردو کی تعلیم و تدریس، تحقیق و مطالعے اور ترجمے کا کام ہوتا ہے۔ برِصغیر کے باہر اردو کے فروغ و تبلیغ کے صلے میں دوہا میں انڈو قطر اردو مرکز کا قائم کردہ پہلا عالمی اعزاز سن ۱۹۹۴ء میں روس کو ہی ملا جو اردو پر کام کے معیار اور مقدار کے لحاظ سے دوسرے ممالک کے مقابلے میں پیش پیش ثابت ہوا۔

آج روس میں ماسکو میں ریاستی یونیورسٹی میں اور بین الاقوامی تعلقات کی انسٹی ٹیوٹ میں اور سانکٹ پیٹرس برگ (سابق لینن گراد) کی یونیورسٹی میں اعلیٰ تعلیمی سطح پر اردو کی تدریس کی جاتی ہے۔ تحقیق و مطالعے کا مرکزی ادارہ ماسکو کی سائنسی اکادمی کی علم شرقیات کی انسٹی ٹیوٹ ہے اور سانکٹ۔ پیٹرس بورگ کا اس کا شعبہ بھی۔ اعلیٰ تعلیمی اداروں میں سنجیدہ مقابلے میں کامیاب ہونے والے طالب علم داخلہ لے کر اے ایم کے بعد ایم فل، پی۔ ایچ۔ ڈی اور ڈی لٹ تک کی ڈگری حاصل کر سکتے ہیں۔ علم شرقیات کی انسٹی ٹیوٹ میں جو تحقیقاتی ادارہ ہے صرف پی۔ ایچ۔ ڈی اور ڈی لٹ کی ڈگریاں حاصل کی جاسکتی ہیں۔

روس میں اردو زبان کو سب سے پہلے برِصغیر ہند کے ایک منفرد ادب و ثقافت کا ترجمان سمجھتے ہیں اور بعد میں اسے دین سے وابستہ کرتے ہیں۔ واضح رہے کہ اسلام کی تاریخ اور علم اسلامیت کی اساس اردو کے طالب علموں کے نصابی پروگرام میں لازمی مضامین کی حیثیت سے شامل ہیں۔

روس اس لحاظ سے بھی دوسرے مغربی ملکوں سے مختلف ہے کہ یہاں اردو، اہلِ زبان مہاجرین کے ساتھ نہیں آئی بلکہ تعلیم و مطالعے کے ایک موضوع کی حیثیت سے متعارف ہوئی۔ روس میں اردو کی تعلیم کا آغاز کوئی ۱۰۰ سال قبل ہوا تھا۔ ۲۰ ویں صدی کے اوائل میں روسی زارشاہی حکومت کے بعض فوجی اور سیاسی مقاصد کے پیشِ نظر زارشاہی روس کے ایک وسیع و عریض جنوبی علاقہ ترکستان کے مرکزی شہر تاشقند میں جو بعد میں سوویت ریپلک ازبکستان کا دارالحکومت بنا تھا اور اب خود مختار ملک ازبکستان ہے مشرقی ممالک میں بولی جانے والی زبانوں کا سکول قائم ہوا تھا۔ اس میں عربی اور فارسی کے علاوہ اردو بھی پڑھائی جاتی تھی۔ اس سکول میں روسی فوجی افسر زیرِ تعلیم تھے۔ ان کے لیے تیار کردہ اردو کے قواعد کی کتابیں روسی زبان میں اردو کی پہلی پہلی نصابی کتابیں تھیں۔ ان میں اردو کی نظم و نثر کے نمونے اور ان کے روسی ترجمے بھی شامل تھے۔ یہ کلاسکی اردو شعراٗ کے کچھ اشعار تھے اور داستانوں اور پریوں کے قصوں کے اقتباسات۔ اسی زمانے میں ایک ہی جلد میں روسی اردو اور اردو روسی پہلا لغت بھی شائع ہوا تھا۔

روس میں اردو تعلیم کا یہ سلسلہ سن ۱۹۱۷ء کے اکتوبر انقلاب برپا ہونے اور ملک میں خانہ جنگی شروع ہونے کی وجہ سے منقطع ہوا تھا۔ انقلابی جوش و خروش میں بہت ساری قدروں کا نیست و نابود ہوا تھا اور ان کی جگہ نئی قدروں نے لی۔ لیکن اردو کے پہلے پہلے روسی طالب علموں کی محنت رائیگاں نہیں ہوئی۔ سن ۱۹۲۱ء میں اشتراکی روس کے سربراہ لینن کے فرمان پر پیٹروگراد (لینن گراد) اور ماسکو میں بھی "بولی جانے والی مشرقی زبانوں کی انسٹی ٹیوٹ" کے نام سے دو اعلیٰ تعلیمی ادارے کھلے جن میں چینی، عربی، فارسی اور اردو پڑھائی جانے لگی۔ نصابی سامان مرتب کرنے میں مذکورہ بالا پہلی روسی نصابی کتابیں اور لغت بہت مددگار ثابت ہوئے۔

دراصل اسی وقت روس میں اردو تعلیم و تدریس کی بنیاد ڈالی گئی۔ اس عمل سے اکاڈیمشن Alexey P. Barannikov (۱۹۵۲..۱۸۰۰) کا نام منسوب ہے جو روس میں اردو شناسی کے بانی اور اردو زبان اور عصری ادب کے مطالعے کے علم بردار مانے جاتے ہیں۔ موصوف جو سنسکرت کے معروف سکولر بھی تھے روس میں ہی رہ کر اردو سیکھی اور بعد ازاں اپنی ساری زندگی کو اردو زبان و ادب کی خدمات کے لیے وقف کر دیا۔ ان کی لکھی ہوئی نصابی کتابیں اور ان کے ترتیب کیے گیے لغات ۲۰ ویں صدی کے چھٹے عشرے تک اردو کے روسی طالب علم استعمال کرتے رہے تھے۔ عصری ادب کے موصوف کے ترجموں سے اردو سے روسی میں ترجمے کے کام کی مسلسل روایت بھی چلی آرہی ہے۔

روس میں اردو کی تعلیم و مطالعے کی رفتار ہموار نہیں ہوتی ہے۔ وہ کبھی تیز رہتی ہے اور کبھی دھیمی پڑ جاتی ہے جو عام طور پر ملک کے حالات پر منحصر ہوتا ہے۔ برِصغیر میں آزادی کا دور شروع ہونے کے بعد سے روس میں بھی تبدیلیاں رونما ہونے لگی تھیں۔ سوویت لوگوں کی طرف سے ہندوستان اور پاکستان کے عوام کی زندگی سے دلچسپی جو روس کے قدیم زمانوں سے موجود رہی نئے زور سے بڑھی۔ اب روس میں اردو زبان و ادب کی تعلیم و تدریس اور تحقیق و مطالعے کے لیے زیادہ خوش گوار حالات پیدا ہوئے تھے جس کے نتیجے میں اردو سے متعلق دونوں بنیادی شعبوں میں یعنی تعلیمی اور تحقیقاتی میدانوں میں کام کا پیمانہ بہت

بڑھ گیااوراس کی سطح بھی اٹھی۔

اردو پر کام کی مقداراور معیار کے لحاظ سے ۲۰ ِویں صدی کے چھٹے عشرے سے لے کرآ ٹھویں عشرے کے وسط تک کا دورروس میں اردو کے فروغ کاسب سے روشن دورتھا۔اس دوران مزکورہ بالاتعلیمی اداروں کے فارغ التحصیل بڑے مستعدی سے اردو کی خدمت میں لگ گئے۔ نئے روسی اردواور اردوروسی لغات مرتب ہوئے، اردوگرامر پرکئی ساری کتابیں لکھی گئیں اور بے شمار ترجمے ہوئے۔اردواداب پرخاص طور پرقابل ستائش پیمانے اورمعیار کا کام ہوا۔

یادرہے کہ ۲۰ ویں صدی کے پانچویں چھٹےعشروں میں روس کا نام نہادلوہے کاپردہ پوری طرح ہٹانہیں تھا۔غیر ممالک سے روس کے باشندوں کے تعلقات بہت محدود تھے۔اردووغیرہ سے متعلق زیادہ ترمعلومات کتابی نوعیت کی ہوتی تھیں۔لیکن اس کے باوجودروسی اساتذہ اور طالب علم جاں فشانی سے اردو شناسی کی دشوارگزارراہ پرقدم بڑھاتے گئے۔اب عہدِ حاضر کی نسل کے روسی اردودانوں کے زیادہ تراساتذہ اس دنیا میں نہیں رہے۔لیکن ان کے نام سابق شاگردنہیں بھولتے ہیں۔ یہ تھے لیننگراد کے اور ماسکو کے ماہرینِ لسانیت پروفیسر Dr. O.D ،Dr. A.A Axyonov, G. A. Zograf Dr. V. A. ،Dr. N.I. Solntseva ،Zhmotova S. A. ،Chernishov , Dr. B.I. Klyuev, V.S. Meresh Dr. Chernikova اوردوسرے۔ان سب کے نام ہماری اردو کی نصابی کتابوں اورلغتوں کی سرورقوں پرتحریر ہیں۔

آج کل اردو کی تعلیم کے میدان میں بعض بزرگ اساتذا کے ساتھ ساتھ کل کے ان کے شاگرداردو پڑھانے آئے ہیں۔مثلاً ماسکو یونیورسٹی میں Dr. Galina M. Dashenko اور ان کی ثابق شاگرد Marina Mikhailova اور Ekaterina Akimushkina پڑھاتی ہیں اور بین الاقوامی تعلقات کے انسٹی ٹیوٹ میں Dr. A.A. Davidova کے ساتھ جوان استانی Natalya Milyohina شعبہ اردو میں کام کرتی ہیں۔

روس میں اردوادب کا شعبہ ایک الگ موضوع ہے۔یہاں نہایت اختصار سے کام لیتے ہوئے یہ کہا جاسکتا ہے کہ ۲۰ صدی کے آخری دہائیوں میں روسی ماہرینِ ادبیات روسی اردو شناس Prof. Alexey S. Sukhochov (مرحوم)، Prof. A.A Suvorova، N.V. Glebov، Prof. Natalia Prigarina، Dr. Ludmila Vassilyeva جیسے ماہرین ادبیات کی اردوادب پرتخلیقات اوران کے ہی اردوشعروادب کے روسی زبان میں ترجموں کی بدولت روس میں اردوادب سے عام لوگوں کی آشنائی ہوئی اوراس سے ان کی دلچسپی بھی بڑھی۔

دوسری طرف، روسی سکولروں کو، اردو کی ان کی خدمات کو عالمی سطح پر تسلیم بھی کیا۔

روس میں سارا کام منصوبہ بند اس لحاظ سے ہے کہ اردوادب کے مطالعے کے مختلف ادوار میں روسی سکولروں کے سامنے جدا جدا مقاصد رکھے جاتے ہیں۔شروع شروع میں یہ مجموعی نوعیت کے کام ہوتے تھے۔لیکن پھر ماسکواور لیننگراد میں علمِ شرقیات کی انسٹیٹیوں میں برِصغیر کی زبانوں کے ادب کے شعبوں کے قیام کے بعد کام کی نوعیت بدل گئی۔اب الگ الگ اردوادیبوں اورشاعروں کی تخلیق، اس کے مختلف پہلواور پھراردوادب کے خصوصی مسائل مطالعے کے موضوع بننے لگے۔ اس دور کے روحِ رواں بیشک Prof. Alexey S. Sukhochov تھے جو نہ صرف مشہور اردو سکولر بلکہ باجوہر ماہرادبیات، مصنف اورمترجم بھی تھے۔درحقیقت پچھلی صدی کے چھٹے عشرے سے لے کر زندگی کے آخری دم تک وہی روسی اردو شناسوں کا سربراہ اور استاد تھے۔ان کا دائرہ مطالعہ بہت وسیع تھا۔انہوں نے کئی ساری تصانیف لکھی ہیں جو بڑی اہمیت کی حامل ہیں۔ ،،کرشن چندر،، اور ،،مخدوم محی الدین،، کتابوں کے علاوہ ،،داستاں سے ناول تک،، عنوان سے ان کی ایک خصوصی کتاب ہے۔اس میں سرسید احمد خان کے کرداراوران کی سرگرمیوں کوروس میں بالکل نیے زاویے سے دیکھا گیا، ان کے کارناموں اور کاموں کے مثبت پہلوؤں پرخاص زوردیا گیا جبکہ اس سے پہلے سوویت کتابوں میں سرسید کوصرف منفی روشنی میں دیکھا جاتا تھااوران کی برطانوی حکام سے مصالحت کوہی ابھار کران پرتنقید کی جاتی تھی۔ سرسید احمد خان کا کردار Prof. Sukhochov کی توجہ کو ہمیشہ مبذول کرتا تھا۔ان کا آخری کام بھی سرسید سےاوراردوادب کی تاریخ میں ان کے پسندیدہ، روشن خیالی کے دور سے وابستہ تھا۔ حالی کی کتاب حیاتِ جاوید کا ترجمہ مکمل کرتے ہی موصوف ۲۷ِ فروری سن ۲۰۰۰ ِ کو ناگاہ اپنی زندگی کی راہ بھی طے کر چکے۔ مستقبل قریب میں ان کی کوئی تلافی نظرنہیں آتی ہے۔۔۔

پروفیسر مرحوم کے کئی سابق شاگرداب خودمعروف سکولر بن گیے ہیں۔ Prof. Anna A. Suvorova کا نام سرِفہرست ہے۔ان کی متعدد کتابیں اردوادب کے مطالعے میں بیش قیمت دین کی حیثیت رکھتی ہیں۔ موصوفہ نے داستانوں اوراردوڈرامے پر، مثنوی اور لکھنؤ کی تہذیب پرکام کیا۔ جنوبی ایشیا کے اولیا پر ان کی کتاب اب انگریزی میں بھی ترجمہ کی جارہی ہے۔

راقم السطور بھی Prof. Sukhochov کی شاگرد تھی۔ حالی اور فیض پر کتابیں اور اردوشعروشاعری کے مختلف مسائل پر موصوفہ کی تصانیف اور اردو سے روسی میں نظم ونثر کے تراجم بھی روسی قارین کو منفرد اردوادب وشاعری کو سمجھنے میں مددگار ثابت ہوتی ہیں۔

روس کی مشہور اقبال شناس اور غالب شناس Prof. Natalia Prigarina کا نام بھی غیر ممالک میں پہچانا جاتا ہے۔علاّمہ اقبال پر ان کی تصانیف کو خودفیض احمد فیض نے سراہا تھا۔''مرزا غالب'' موصوفہ کی کتاب کے اردواورانگریزی زبانوں میں ترجمے متعدد قارین اور ناقدین کی دلچسپی اور غورو

خوس کا باعث بنی۔

آج کل ملک کی معاشی اور سماجی بدحالی کے حالات میں اردو کے میدان میں سرگرمیاں کافی دھیمی پڑ گئی ہیں۔ اس کی کئی ساری وجوہ ہیں۔ غالباً سب سے بڑی اور بری بات یہ ہے کہ سوویت یونین کی شکست کے نتیجے میں وہ زیادہ تر ادارے بند ہو گئے ہیں جہاں اردو جاننے والوں کی ضرورت رہتی تھی۔ اس زمانے میں یونیورسٹی ختم کرنے کے بعد جہاں ماہرین اشاعت گھروں میں مترجم اور مدیر کی حیثیت سے کام کر سکتے تھے جہاں اردو سے اور اردو میں ترجمے اور اشاعت کا کام زور شور سے ہوتا تھا۔ چند مثالوں سے اس کام کے پیمانے اور اہمیت کا اندازہ لگایا جا سکتا ہے۔ ۱۹۶۹ میں غالب کی غزلوں کا انتخاب ۲۵۰۰۰ ہزار کاپیوں کی تعداد میں نکلا۔ 1981 میں علامہ اقبال کی نظموں کی کتاب کی اشاعت ۱۰۰۰۰ ہزار کاپیاں تھیں، ۱۹۷۷ اور ۱۹۸۵ میں فیض کے مجموعوں کی دس دس ہزار، ۱۹۸۳ میں رجب علی بیگ سرور کے فسانہ عجائب،، کی ۱۵۰۰۰ ہزار، قرۃ العین حیدر کے ناول،، آخر شب کے ہم سفر،، کی ۳۰۰۰۰ ہزار کاپیاں ۔۔۔ یہ فہرست بہت طویل ہے۔ واضح رہے کہ اتنے بڑے کام کے لیے کتنے ہی ماہرین کی مانگ ہوتی تھی۔ اب یہ دونوں اشاعت گھر بند ہو گئے ہیں۔ یہ ہی رسالہ ''سوویت یونین'' کے ساتھ ہوا جو اردو میں بھی نکلتا تھا۔ کام کی ایک اور جگہ ماسکو ریڈیو کی اردو سروس تھی۔ سوویت زمانے میں ماسکو ریڈیو سے روز آدھے آدھے گھنٹے کے چھ پروگرام نشر کیے جاتے تھے۔ اب صرف دو نشریئے رہ گیے ہیں۔

اب اردو جاننے والے جوان ماہرین کی ضرورت عملی طور پر صرف تعلیمی اداروں میں ہی رہ گئی ہے۔ واضح رہے کہ یونیورسٹی کے اساتذہ کا عملہ اکثر بدلتا نہیں۔ دوسری طرف، خود نوجوان تعلیمی کام سے دور رہنے کی کوشش کرتے ہیں کیونکہ آج کے روس میں میڈکل ڈاکٹروں کی طرح اساتذہ کی بھی سب سے حقیر تنخواہیں مقرر ہیں۔ قابل ذکر ہے کہ سوویت دور میں مشرقی زبانوں کے ماہرین کی تنخواہیں خاص طور سے بڑی ہوتی تھی اور مستشرق سکولروں کا سماجی رتبہ بھی بہت بلند تھا۔ یہ سب اردو سمیت مشرقی زبانوں کی تعلیم نوجوان لوگوں کے لئے باعثِ کشش تھا۔

لیکن روسی اردو شناس امید بھری نظروں سے مستقبل کی طرف دیکھتے ہیں۔ آج اردو سے متعلق میدان عمل میں صرف وہی شوقین قدم رکھتے ہیں جن کو اردو اور مشرقی تہذیب اور ثقافت عزیز ہے۔ ان کا شوق و ولولہ ان کی کامیابی کی سب سے بڑی ضمانت ہے۔ آج ہمیں E.Badikova, E. ، M. Guseinova ، Akimushkina,M.Rusanov, جیسے با استعداد اور قابل نوجوان روسی اردو دانوں سے ڈھارس بندھی ہوئی ہے۔ روس کی اردو شناسی اپنی نئی بہار کے انتظار میں ہے۔

روس میں بعض وجوہ سے اردو زبان کے اساتذہ روسی ہی ہوتے ہیں جن کے لیے اُردو ایک سیکھی ہوئی زبان ہے۔ اُردو تہذیب کیا چیز ہے اس کا علم بنیادی طور پر یونیورسٹی میں انہیں اساتذہ سے حاصل کیا جاتا ہے اور اس موضوع پر روسی کتابوں سے بھی۔ شعر فہمی غیر زبان لوگوں کے لئے ایک بڑا مسئلہ ہے۔ شاعری احساسات کی دنیا سے وابستہ ہے۔ ہر زبان میں شعر سب سے پہلے دل سے ہی اپیل کرتا ہے اور دل میں اُتر جاتا ہے۔ بعد میں دماغی طور پر شعر کی قدر دانی کی جاتی ہے۔ یعنی اہل اُردو لوگوں کے لیے شعر کی راہ دل سے دماغ کی طرف ہوتی ہے جبکہ غیر زبان کے لیے اردو شعر کی راہ اُلٹی، یعنی دماغ سے دل کی طرف ہوتی ہے۔ اردو شعر ٹھیک سے سمجھنے سے پہلے ہم اسے دل میں اُتار نہیں سکتے ہیں۔

☆

ہمالہ پر ایک نظر

ڈاکٹر لدمیلا وسیلیوا

علاّمہ اقبال پر تحریر کردہ مواد کو تحقیقی ادب کے ایک خاص شعبے کی حیثیت حاصل ہے جس کا نام ہے اقبالیات۔ برِصغیر کے علاوہ جہاں زیادہ تر تحریریں اردو میں لکھی گئی ہیں دنیا کے مختلف ممالک میں متعدد محقق اپنی اپنی زبان میں محمد اقبال کی شخصیت اور تخلیقات، ان کے فلسفے اور مذہبی نظریات وغیرہ پر مضامین اور کتابیں لکھتے ہیں اور اس طرح عالمی پیمانے پر اقبالیات کی وسعت بڑھا دیتے ہیں۔ روس میں بھی علاّمہ اقبال پر کافی بڑا کام ہوا ہے۔ اقبال کا فلسفہ یہاں کے کئی عالموں کی توجہ کا مرکز بنا اور روس کی مشہور اقبال شناس پروفیسر نتالیا پریگارینا نے محمد اقبال کی شاعری پر کتابیں اور کئی مضامین لکھے ہیں۔ ان کی نگرانی میں ۱۹۸۲ء میں اقبال پر مضامین کا ایک مجموعہ تالیف کیا گیا جسے روس میں اقبال شناسی کی ایک مزید کامیابی قرار دیا گیا تھا۔ اقبال کے کلام کا ترجمہ بھی روسی زبان میں کیا گیا ہے۔ اس طرح ہم یہ کہنے میں حق بجانب ہیں کہ روس میں بھی اقبال شناسی کا اپنا شعبہ ہے، اقبال کے مطالعے کی اپنی روایات ہیں۔ جہاں تک کلامِ اقبال سے دلچسپی کی بات ہے تو وہ بھی کم نہیں۔ مشرقی شاعری کے دلدادہ روسی قارئین اقبال کو جانتے اور ان کی بڑی قدردانی کرتے ہیں اور اردو اور فارسی جاننے والے تو ترجمے کے بغیر اقبال کا کلام پڑھتے ہیں۔ میں بھی اکثر اقبال کی نظموں اور غزلوں سے لطف اندوز ہوتی ہوں۔

کچھ روز ہوئے بانگِ درا اُٹھا کر کھولا تو نظر اس کی پہلی ہی نظم ہمالہ پر ٹھہر گئی۔ دراصل یہ نظم میں نے برسوں پہلے پڑھی تھی اور اس کے بعد اس پر خصوصی توجہ نہیں دی تھی۔ لیکن اب کی بار میں نے اسے ایک الگ زاویہ سے پڑھی اور وہ مجھے بعض لحاظ سے بہت دلچسپ معلوم ہوئی۔ اپنے چند خیالات قلم بند کر کے قارئین کی خدمت میں پیش کرنے کی ہمت کر رہی ہوں۔ میرے اس مضمون کی حیثیت ایک غیر زبان طالبہ کے نظم ہمالہ پڑھنے کے ایک تجربہ کے علاوہ اور کچھ نہیں ہے۔ لیکن مجھے بڑی خوشی ہوگی اگر اسے پڑھ کر اہلِ زبان قارئین خود محسوس کریں گے کہ روس میں بھی شاعرِ مشرق علاّمہ اقبال کو کس قدر مانتے ہیں اور ان کی شاعری میں کتنی دلچسپی لیتے ہیں۔

شاید سب سے پہلے یہ یاد دلانا بے جا نہ ہوگا کہ نظم ہمالہ ,,مخزن،، کے مدیر شیخ عبدالقادر نے اپنے رسالے کی پہلی جلد کے پہلے شمارے میں شائع کی جو اپریل ۱۹۰۱ء میں نکلا تھا۔ نظم کے بارے میں مدیر نے لکھا تھا: ,,شیخ محمد اقبال نے ادبی مجلس کے ایک جلسے میں اپنی وہ نظم جس میں کوہِ ہمالہ سے خطاب ہے پڑھ کر سنائی۔ اس میں انگریزی خیالات تھے اور فارسی بندشیں۔ اس پر خوبی یہ کہ وطن پرستی کی چاشنی اس میں موجود تھی۔ مذاقِ زمانہ اور ضرورتِ وقت کے موافق ہونے کے سبب بہت مقبول ہوگئی۔،،

یہ سو سال سے زیادہ پرانی بات ہے جب نظم ہمالہ مذاقِ زمانہ اور ضرورتِ وقت کے موافق قرار دی گئی تھی۔ ایک صدی گذر جانے پر مذاقِ زمانہ بھی بدل گئے اور وقت کی ضروریات بھی نئی ہوگئی ہیں۔ آج شاید ہی کوئی یہ نظم پڑھتے وقت ,,انگریزی خیالات،، پر اپنی توجہ مبذول کریگا۔ ایک زمانہ ہوا ہے جب سے اردو نے فارسی بندشیں اپنائی ہیں اور اب وہ اردو کی ہی بندشیں مانی جاتی ہیں۔ جہاں تک خود نظم کی بات ہے تو آج بھی غالباً کوئی اہلِ ذوق نہیں ملیگا جو اس نظم کے حسن سے بے نیاز رہے اور اس کی جادو بھری صوتی کیفیت سے متاثر نہ ہو۔

اے ہمالہ ! اے فصیلِ کشورِ ہندوستان
چومتا ہے تیری پیشانی کو جھک کر آسماں
تجھ میں کچھ پیدا نہیں دیرینہ روزی کے نشاں
تو جواں ہے گردشِ شام وسحر کے درمیاں
ایک جلوہ تھا کلیمِ طورِ سینا کے لئے
تو تجلّی ہے سراپا چشمِ بینا کے لئے

ہمارے یہاں اردو ادب پر لیکچروں میں طالب علموں کو عام طور پر نظم کا یہ پہلا بند سنا کر بتایا جاتا ہے کہ ہمالہ، علاّمہ اقبال کی ابتدائی دور کی ایک نظم ہے جو حب الوطنی کے جذبات سے لبریز ہے اور جو اردو شاعری میں منظر نگاری کی ایک عمدہ مثال ہے وغیرہ۔ لیکن میرے خیال میں مختصر تاریخ اردو ادب کے کورس میں بھی اس پوری نظم کو شامل کرنا بہت مفید ثابت ہوگا۔ اقبال کی یہ ابتدائی نظم ان کی شاعرانہ عظمت کی نشان دہی کرتی ہے۔ اس میں زبان اور موسیقی کی ہم آہنگی نمایاں ہے جو کلامِ اقبال کی ایک خصوصیت ہے، اس میں ان کے لفظیاتی نظم کے کئی سارے عناصر موجود ہیں جو ان کی آگے کی شاعری سے پیوستہ ہیں اور بہت سے الفاظ اگلے یعنی بعد میں آنے والے الفاظ کی طرف اشارہ کرتے ہیں۔

یہ بات معلوم ہی ہے کہ اقبال کے اپنے پسندیدہ صنائع وبدائع ہیں جن کے دائرے سے وہ عام طور پر نکلتے نہیں۔ ان کے یہاں مختلف ادوار کی نظموں اور غزلوں میں تشبیہوں، استعاروں، علامتوں یعنی صنائع لفظی کی تکرار ہے اگرچہ تکرار میں انکا معنویت زیادہ وسیع ہوتا جاتا ہے، شاعر کے ذہنی اور فنی ارتقا کے مطابق بدل بھی جاتا ہے۔ اپنے ایک مضمون میں شمس الرحمٰن فاروقی نے اقبال کے لفظیاتی نظام پر گفتگو کرتے ہوئے اس بات پر زور دیا کہ اقبال اپنے تمام موضوعات کو اشارتاً یا صراحتاً بانگِ درا میں بیان کر چکے ہیں۔ اگر نظم ہمالہ کو غور سے دیکھا جائے تو بانگِ درا کی اِس ایک ہی نظم میں کئی سارے موضوعات اور کلیدی الفاظ نظر آئیں گے جو بعد میں مختلف اشعار میں ملا کریں گے۔ اسی لحاظ سے کہا جاسکتا ہے کہ نظم ہمالہ میں اقبال کی اگلی شاعری کی متعدد جڑیں پنہا ہیں، اس میں وہ زیادہ تر صوری اور معنوی خوبیوں کے نقوش ملتے ہیں

جو اقبال کے رنگ کی پہچان کی طرح تسلیم کی گئی ہے۔ اب میں اس بات کی وضاحت چند مثالوں سے پیش کرنا چاہوں گی۔

پہلے ہی بند سے لیکر نظم میں اقبال کا خصوصی رنگ نمایان طور پر اُبھرتا ہے اور ان کے پسندیدہ الفاظ و تراکیب نظر آتے ہیں۔ لفظی ترکیب ,,دیرینہ روزی کے نشان،، اور اس کی ہم معنیٰ صورتیں اقبال کے کلام میں اکثر ملیں گی، وہ بانگِ درا سے بہت آگے چل کر سن ۱۹۳۵ء کے مجموعے بالِ جبریل میں بھی نظر آئیں گی۔ مثلاً مسجدِ قرطبہ میں ,,دیرینہ روزی کے نشان،، ,,نقش کہن،، بن کر پیش آتے ہیں:

نقش کہن ہو کہ نو منزلِ آخر فنا!

اسی مسجدِ قرطبہ میں ہمالہ کے ,,گردش شام و سحر،، کی گونج واضح طور پر سنائی دیتی ہے۔

سلسلۂ روز و شب، نقش گرِ حادثات
سلسلۂ روز و شب، اصلِ حیات و ممات!

بے شک دونوں نظموں کا سیاق و سباق قطعی مختلف ہے۔ ہمالہ میں سب صنائع و بدائع بیانیہ حیثیت رکھتے ہیں جب کہ مسجد قرطبہ میں وہ فلسفیانہ مفہوم کے حامل ہیں۔ لیکن اقبال کے نظریۂ وقت کا سرچشمہ نظم ہمالہ کے ,,گردش شام و سحر،، میں ہی پایا جاتا ہے۔

اقبال کے شعریاتی نظام کا ایک اور اہم عُنصر نظم ہمالہ کے پہلے بند میں نمودار ہوتا ہے۔ یہ ہے علاّمہ اقبال کی فلسفیانہ شاعری کا ایک اہم کردار حضرت کلیمُ اللہ۔ اقبال کے لئے اس کردار کی خصوصی اہمیت ایک جدا مطالعے کا موضوع بن سکتی ہے۔ یہاں اتنا ہی کہنا کافی ہوگا کہ کلیم کا نام اشعار سے لیکر (,,نہ سلیقہ مجھ میں کلیم کا۔۔۔،، ,,خالی ہے کلیموں سے کوہ و کمر ورنہ۔۔،، وغیرہ وغیرہ) مجموعے کے عُنوان تک میں (,,ضربِ کلیم،،) آتا ہے۔ اس کردار سے ایک سلسلہ لفظی وابستہ ہے جس میں طورِ سینا کے علاوہ جلوہ اور تجلّی جیسے اقبال کے لفظیاتی نظام کے کلیدی الفاظ شامل ہیں۔ معنویتی سطح پر وہ خدا اور خداوندی، خدا اور انسان کے تعلقات، انسان اور عمل وغیرہ جیسے موضوعات سے منسلک ہیں جو مستقل طور پر اقبال کی توجہ کے مرکز میں رہتے ہیں۔

دوسرے بند میں کوہِ ہمالہ کی تعریف کے طور پر مختلف استعارے استعمال ہوئے۔ دوسرے شعر کا اوّل مصرع جس میں ہمالہ کی اُونچائی کی تعریف کی گئی ہے مجھے خاص طور پر اہم معلوم ہوتا ہے:

مطلعِ اوّل فلک جس کا ہو وہ دیوان ہے تُو

بظاہر یہاں ایک رسمی طریقے سے کام لے کر شاعر نے کوہ کی بلندی اور اس کی عظمت کا اندازہ دینے کے لئے ہمالہ کو دیوان اور آسماں کو اس کا مطلع بتایا۔ لیکن اس مصرعے کے دو الفاظ دیوان اور مطلع کی بدولت اس استعارے کے مفہوم میں گہرائی اور وسعت پیدا ہوتی ہے۔ کوہِ ہمالہ کی، ایک طرف سے پورے کائنات سے اور دوسری طرف خود کلامِ اقبال سے وابستگی کا تصوّر قائم کیا گیا ہے۔ پہلے لفظ دیوان پر توجہ دیں۔ اسلامی روایت میں دیوان کا ایک تصوّر ,,الکتاب،، ہے۔ قرانِ مجید کا خالق اور ہمالہ کا بھی (جو دیوان کہا گیا ہے) ایک ہی ہے یعنی خدا۔ جس طرح الکتاب میں اوّل سے آخر تک سب کچھ سمویا ہوا ہے اسی طرح ہمالہ میں قدرت کے سارے عناصر جمع ہوئے ہیں۔ پھر الفاظ خدا، خالق، کوہ ناگزیر طور پر اقبال کے فلسفے کے ان بنیادی موضوعات پر لے آئیں گے جن کے مراکز ہیں خدا اور انسان، انسان اور کائنات میں اس کا رتبہ، انسان اور خودی وغیرہ۔ اس سلسلے میں علاّمہ کے متعدد اشعار ذہن میں آتے ہیں جن کے معنیٰ کوہِ ہمالہ کے استعاراتی حیثیت سے منسلک کرنا مشکل نہیں۔ مثلاً:

تو کوہ و بیاباں و راغ آفریدی خیابان و گلزار و باغ آفریدم

جہاں تک کلامِ اقبال سے کوہِ ہمالہ کے تعلق کی بات ہے تو اس کی طرف لفظ دیوان اشارہ کرتا ہے۔ خدا کائنات کا خالق ہے جس کا ایک عنصر کوہسارِ ہمالہ ہے اور شاعر دیوان کا خالق ہوتا ہے۔ شاعر کے دیوان میں اس کی تخلیقات (غزلیں) سموئی ہوئی ہیں۔ یہاں بلا واسطہ انسان اور خدا، اقبال کا وہی اہم موضوع اُبھرتا ہے جس کا ایک نمایاں اظہار مذکورہ بالا شعر میں ہوا ہے۔ ایک اور لفظ یعنی مطلع بھی شعر اور شاعر کے موضوع سے براہِ راست تعلق رکھتا ہے۔ اس سلسلے میں یہ فرض کیا جا سکتا ہے کہ اگر بانگِ درا بلکہ پورے کلامِ اقبال کو استعارتاً دیوان کہا جائے تو نظم ہمالہ کو اس کا مطلع ٹھہرانا جائز ہی ہوگا۔

کوہِ ہمالہ جاویدانی کی ایک علامت ہے، اس میں ,,پیدا نہیں دیرینہ روزی کے نشاں،،۔ ساتھ ہی ساتھ اس کوہ کا تاریخی وقت سے بھی تصوّر بندھا ہوا ہے۔

اے ہمالہ! داستاں اُس وقت کی کوئی سنا
مسکینِ آبائے انساں جب بنا دامن ترا

اور آگے: ہاں دکھا دے اے تصوّر! پھر وہ صبح و شام تُو
دوڑ پیچھے کی طرف اے گردشِ ایام تُو

نظم کے آخری بند میں بھی خالص رنگِ اقبال جلوہ گیر ہے۔ اوّل تو شاعر کے ایک اور بنیادی موضوع کی نشان دہی کی گئی ہے یعنی اسلام، تاریخِ اسلام اور ہندوستان میں اسلام۔ یہ موضوع پہلی بار اسی نظم میں نمودار ہوتا ہے۔ نظم ترانۂ ہندی میں اِس موضوع کا فروغ زیادہ ٹھوس الفاظ میں اظہار پاتا ہے:

اے آبِ رودِ گنگا! وہ دن یاد تجھ کو اُترا ترے کنارے جب کارواں ہمارا

گنگا کی وابستگی ہمالہ سے واضح ہے۔ اس کے کنارے ,,ہمارا،، یعنی مسلمانوں کا کارواں اُترا۔ اس لحاظ سے ہمالہ کے علامتی مفہوم میں ایک نئی سمت کھلتی ہے، ہمالہ کا اسلام سے براہِ راست تعلق قائم کیا جاتا ہے۔ اس طرح ہمالہ نہ صرف کشورِ ہندوستان کا پاسبان بلکہ مسلمانوں کا محافظ بھی ثابت ہوتا ہے۔

فنکارانہ لحاظ سے نظم ہمالہ کے نہایت خوب صورت اشعار آبی محرکات (motives) سے وابستہ ہیں۔ ان محرکات کو اقبال کے یہاں بڑی جگہ حاصل ہے۔ زیرِ نظر نظم میں آب پہلی بار چشمے کی شکل میں نمودار ہوتا ہے:

چشمۂ دامن ترا آئینۂ سیال ہے دامن موج ہوا جس کے لئے رومال ہے

پھر وہ ندی میں تبدیل ہو جاتا ہے:

آتی ہے ندی فرازِ کوہ سے گاتی ہوئی
کوثر و تسنیم کی موجوں کو شرماتی ہوئی
آئینہ سا شاہدِ قدرت کو دکھلاتی ہوئی
سنگِ رہ سے گاہ بچتی گاہ ٹکراتی ہوئی

آب سے کچھ ہٹ کر لفظ آئینہ پر توجہ دیں۔ ابھی یہ لفظ صرف تشبیہ کے طور پر استعمال کیا گیا۔ چشمۂ دامن کا پانی جو آئینۂ سیال کہا گیا اب ندی بن کر نیچے اتر رہا ہے۔ وہ سنگِ راہ سے ٹکراتا بھی ہے بالفاظِ دیگر پانی کا آئینہ ٹوٹ جاتا ہے۔ پھر کیوں نہ فرض کیا جائے کہ اسی تصویر کشی میں اسی استعاری آئینہ کی مبہم سی جھلک ملتی ہے جس کا پیکر بعد میں مشہور ترین غزل کے شعر میں نمودار ہوگا: یہ ہے ,,۔۔۔وہ آئینہ کہ شکستہ ہو تو عزیز تر ہے نگاہِ آئینہ ساز میں،،۔ غالباً یہ تصوّر کرنا بھی نا جائز نہیں ہوگا کوہِ ہمالہ میں شاعر کو اُس آئینے کا پیکر ملا جس میں اس نے ,,حقیقتِ منتظر،، کو ,,لباس مجاز،، میں دیکھ پایا!

اب آبی موضوع پر لوٹیں۔ ,,ہمالہ،، سے لیکر اقبال کے اردو اور فارسی کلام میں بھی آبی محرکات تشبیہ، استعارہ اور علامت کی حیثیت سے ارتقا پزیر نظر آتے ہیں۔ اقبال کے یہاں بہتا پانی یعنیٰ آبِ رواں زندگی کی علامت ہے۔ اس کی طرف خود شاعر براہِ راست اشارہ کرتا ہے: ,,ایک اصلیت میں ہے نہرِ رواں زندگی! ،، اقبال کی شاعری میں آب کی شکلیں مختلف ہوتی ہیں: چشمہ، ندی، آبِ رواں اور پھر ,,جاوید نامہ،، تک پہنچتے پہنچتے وہ آبِ جُو اور زندہ رود کہلانے لگتا ہے۔ زندہ رود جس کے لفظی معنیٰ ہیں زندگی سے بھرپور دریا خود اقبال کے الفاظ میں ,,پیغمبرانہ روح کا استعارہ،، بن گیا ہے۔ یہی نام شاعر نے ,,جاوید نامہ،، میں اختیار کیا۔ اس سلسلے میں اقبال کی شاعری کے ایک اور رجحان کا ذکر کرنا ضروری ہے جو مغرب سے وابستہ ہے۔ یہاں اقبال کے تعلق سے گوئیٹے (Goethe) اور ان کے ,,مشرقی مغربی دیوان،، کو یاد کرنا ضروری ہے جس سے اقبال نے زندہ رود کا نام ماخوذ کیا۔

اس بات کا پہلے بھی ذکر ہو چکا ہے کہ نظم ہمالہ میں شاعر کے متعدد کلیدی الفاظ عمل میں آئے ہیں۔ ان میں سے ایک ہے گل جو اس نظم میں اس طرح دیکھنے میں آتا ہے: ,,جھومتی ہے نشۂ ہستی میں ہر گل کی کلی،،۔ اقبال کے شاعرانہ نظام میں گل بمعنیٰ پھول (سب سے پہلے لالہ) روایتی کے ساتھ علامتی بھی رنگ اختیار کر لیتا ہے۔ مذکورہ بالا مصرعے میں گل صرف قدرت کے ایک عنصر کی مجموئی حیثیت سے ہی پیش آتا ہے صرف بعد کی نظموں میں اس کا استعارتی اور علامتی رنگ وجود میں آے گا۔ (کلامِ اقبال کی حدود میں اس کلیدی لفظ کے ارتقا پر شمس الرحمٰن فاروقی کے مذکورہ بالا مضموںن میں تفصیل سے روشنی ڈالی گئی ہے)۔ اسی بند میں گل سے منسلک موضوع کا آغاز نظر آتا ہے۔ مصرع ,,یوں زبان برگ سے گویا ہے اس کی خامشی۔۔۔،، اور بند کا آخی شعر: قابل غور ہیں:

کہہ رہی ہے میری خاموشی ہی افسانہ مرا
کنجِ خلوت خانۂ قدرت ہے کاشانہ مرا

یہاں گل اپنی پتی کی آواز سے اپنا افسانہ سناتا ہے۔ بعد میں پھول کے پتے کے لئے شاعر لفظ برگ نہیں بلکہ ورق استعمال کرے گا جیسے ,,تصویر درد،، میں:

اٹھائے کچھ ورق لالے نے، کچھ نرگس نے، کچھ گل نے
چمن میں ہر طرف بکھری ہوئی ہے داستاں میری

اس شعر میں رعایت لفظی کی خوبی کی بات ہی در کنار۔ لیکن ہم فقط لفظ ورق پر ہی توجہ دیں۔ اس کے معنیٰ برگِ گل اور کتاب (داستان) کا صفحہ بھی ہیں۔ اس طرح پھول کا پتا شاعر کی داستان کا ورق بن جاتا ہے۔ اس تناظر میں ان دونوں نظموں میں موضوعاتی ارتقا کا رشتہ صاف نظر آتا ہے۔ اس طرح کی مثالوں کا سلسلہ دور تک بڑھایا جا سکتا ہے۔

ایک مختصر مضموں میں بانگِ درا کی اس پہلی نظم کے ہر شعر یا ہر بند پر نظر ڈالنے کی گنجائش نہیں ورنہ پورے کلامِ اقبال سے اس کی وابستگی قائم کرنا پڑتی۔ کئی اہم باتیں خارج از گفتگو رہ گئی ہیں، مثلاً یہ کہ اس نظم کی ایک خصوصیت یہ بھی ہے کہ یہاں اقبال کا پیغبرانہ لہجہ سنائی دیتا ہے جو پھر ان کے پورے کلام پر چھا جاتا ہے اور بعض دوسری باتیں۔

آخر میں اتنا ہی کہنا چاہوں گی کہ نہ صرف نظم ہمالہ بلکہ اقبال کی ہر نظم اور ہر غزل کو غور سے اور شوق سے پڑھا جائے تو ہر شعر میں شاعر مشرق علاّمہ اقبال کے متجسس ذہن کا عمل، ان کے فن کے ارتقا کی روشنی میں ان کا ذہنی ارتقا بھی منعکس نظر آئے گا۔ اقبال کی شاعری ان کے نظریات کا آئینہ ہے۔ علاّمہ اقبال کے افکار اور ان کا شاعرانہ حسن نا قابل تقسیم ہے۔ اس لئے اقبال کو سمجھنے کا بہترین طریقہ ان کی کلام کا گہرا مطالعہ ہے جس کی ابتدا نظم ہمالہ سے ہی کرنا بہت مددگار معلوم ہوتا ہے۔